AV女優の家族

寺井広樹

JN003669

光文社新書

はじめに

もし自分の娘や妻、あるいは母親がＡＶ女優になったら、その家族はどのような感情を抱き、彼女たちとどのような関係性を結んでいくのでしょうか。ＡＶ女優という職業を選択した彼女たちは、家族にどのような思いを抱いてその決断をし、その思いはＡＶ女優になる前となった後ではどのように変化していったのでしょうか。

私は昨年（２０１９年）、学生や主婦、会社勤めをしながら副業としてＡＶ女優をする女性たちにインタビューをし、『副業ＡＶ女優』（彩図社）という本を上梓しました。その際に、どこか特別視していたＡＶ女優という職業の方々がすぐ身近にいることを知りました。三十年ぐらい前まではＡＶ女優といえば、身内とは縁が薄くお金を稼ぐためには脱ぐしかなかった人がなるといったどこか後ろ暗いイメージがありました。しかし、インタビューさせていただいた彼女たちは実に明るく、ポリシーとプライドを持ってこの仕事に臨んでいました。

実際に業界関係者の方々に話を伺っても、今や「なりたい」と言っても簡単になれるわけではなく、ＡＶ女優になるためのハードルは年々上がっていると口を揃えます。ＡＶ女優という職業がアイドル化され徐々にタブー視されなくなり、憧れとすらなりつつある今、そこで働く彼女たちとその家族の実情が気になり、彼女たちにインタビューしてみたいと思ったのです。

そうは言っても実際に私の知人で、奥さんが家族に内緒でＡＶに出演していたのがバレて離婚された方もいます。同じように身内にバレて引退する女優さんもいまだ多くいらっしゃいます。一方で親公認、娘・息子公認で家族に応援されている女優さんもいるのです。その差はどこに由来するのでしょうか。壮絶な家庭環境に育ったのか、むしろ恵まれた家庭環境だったのか、あるいはどこにでもありふれた「普通」のご家庭なのでしょうか。両親、兄弟姉妹、祖父母らは彼女たちの仕事をどう思い、どういった関係を結んでいるのでしょうか。

そして、もう一つ疑問と興味を抱いたのが、彼女たちの「未来」です。時が経ち、彼女たちもいずれ「娘」から「母」となる時が来るでしょう。「今」は自分でも納得し、揺るぎない信念を持っているかもしれませんが、果たしてその「未来」では……？　そもそも、結婚相手として考えた時にＡＶ女優であったことはどのように思われるのか、家庭を築く時にその過去は隠すのか、子供を産むことは彼女たちにどのような思いを抱かせるのでしょうか。

ＡＶ女優とその家族の関係性にフォーカスして浮かび上がってくるもの、それは現代社会における家族の新しい形を示しているのかもしれません。

ＡＶ女優の家族　目次

写真撮影／光文社写真室
編集協力／麻生りりこ

Chapter 1

白石茉莉奈

家庭も仕事もどっちも大事。仕事のことは夫には
内緒だけど……セックスレスなのはやっぱり寂しい

幼少期から抱いていた夢を叶え、小学生の頃からジュニアタレントとしてＣＭやティーン向けファッション誌で活躍していた白石茉莉奈さん。高校生の時『牛乳に相談だ』のＣＭに出演後、「普通の女の子の生活がしてみたい」と芸能活動を一時休業。素敵な旦那様との出会いがあり、結婚、出産し、「若いママになりたい」というもう一つの夢を叶えた。空白の時を経て、人妻でママのＡＶ女優としてデビュー後、恵比寿★マスカッツに加入するなど活躍の幅を広げた。現在も子育てをしながらＡＶ女優を続ける白石茉莉奈さんに、家族についての思いや考えを伺った。

小学生で叶えた一つ目の夢。
「きっかけは、某テーマパークのイメージキャラクターオーディション」

——白石さんというと二〇〇五年の高校生当時に出演された「牛乳に相談だ」のＣＭがすごく印象的だったんですけれども、まず芸能界に入られたきっかけを教えてください。

「最初に芸能界に入ったのは、小学生の時に多摩センターの方にある某テーマパークのイメージキャラクターオーディションを受けたのがきっかけだったんですね。幼少期から『テレビに出たい』っていうぼんやりとした夢みたいなものがあって。そのオーディションに合格して夢が叶って、一年間そのテーマパークのテレビＣＭや広告に出させていただきました。そこからずっとジュニアタレントって言うんですかね、ティーン向けのファッション誌に出たり、コマーシャルに出たり、事務所の先輩の女優さんのバーターでドラマに出るといったお仕事をさせてもらってました。学校生活も送りつつだけど、芸能活動で学校をお休みすることもある、といった生活を送っていました」

――小学生の頃からすでに芸能活動をされていらしたんですね。

「それで、高校も芸能活動で学校を休んでも公欠扱いになる制度がある高校にＡＯ入試で入学したんですね。だけど、高校一年生の終わりくらいに『やっぱりちゃんと学生生活を送りたいなぁ』ってなんとなく思って。それでちょうど『牛乳に相談だ』のＣＭの後くらいに、休業っていう形をとったんです。『普通の女の子って普段どういう風に過ごしているのかな』

っていうのに興味が湧いてきて、そこからしばらくは芸能界に興味がなくなったっていう感じだったんですよ。普通の女子高生がするようなことをしてみたかったんですね。で、アルバイトをしてみたり、高校卒業後は普通に就職してみたり、いろんなことをしてみたんですけど、『なんかしっくりこないなぁ』っていう不思議なモヤッと感がずっとあったんです」

もう一つの夢も叶え、若いママに。

「でも、何か物足りない……」

「その頃カフェでバイトしてる時に、お客さんとして来ていた旦那と知り合ったんですね。毎日同僚の方とランチを食べに来てて、その内に仲良くなって。旦那と同僚の方、私とバイトの後輩の女の子の四人でグループ交際みたいな感じで遊びに行くようになったんです。お付き合いするようになって二年程でプロポーズされて、そのまま結婚しました。『子供も欲しいし、若いママになりたい』っていう夢もあったので、『そっち叶えちゃお』みたいな感じで（笑）。それで子供も生まれて普通の暮らしを送ってました」

――じゃあ、もう一つの夢も叶って若いママになられたわけですね。

「そうなんですよ。そうなんですが、やっぱり何か物足りないんですね。子供は可愛いし、毎日幸せなんですけど、モヤッと感が消えなくて。『やっぱりお外に出たい、仕事がしたい』という思いが湧いてきた矢先に、当時このバンビプロモーションっていう事務所にいた友達から『こういうプロダクションがあるんだけど、よかったら話だけでも聞きに来ない？』ってお誘いを受けたんです。ＡＶのプロダクションっていうのが正直わかってなくって、軽い気持ちで話を聞きに行ったんです」

やっぱりお仕事がしたくて、人妻ママでＡＶデビュー！
「バレませんように……」

――実際お話を聞いてみてどう思われたんですか？

「最初はびっくりしました。でも事務所の社長と初めて話した時に、思っていたよりもずっと紳士的ですごくこちらの都合を気にしてくれて細かい部分まで丁寧にヒアリングしてくれたんですね。それこそ親にバレないようにやりたいのか、旦那さんには伝えるのかとか、友達にも隠してやるのかとか。あと私の場合、休業はしていたんですが前の事務所に在籍はしていたので、もし所属するとなると重複しちゃうのをどうしようっていうのと、休業している間もずっと籍を置いておいてくれたところに今更『ごめんなさい、辞めます』って言いに行く勇気もなくって。それを代わりに連絡を入れてくれて無事に円満に退社することができたので、ＡＶ業界に入ろうって決まったんですね。だけど、『続いても一年くらいかな』とか、それこそ『バレる前に辞めよう』って思ってましたね」

――それがこんなに長くＡＶ女優さんとしてご活躍されているわけですが、その理由は？

「ソフト・オン・デマンド（ＳＯＤ）さんっていうメーカーに面接に行って、デビュー作を撮ることに決まったんですね。打ち合わせで具体的な話を聞くうちに『私、このお仕事ちゃんとやってみたいかも』って思ったんです。っていうのも、芸能界で当時できなかったようなお仕事がこの業界に入ることによってできるようになる可能性があるなっていう風にすごく感じたんですよ。コマーシャルに出させてもらったり、先輩のおかげでドラマにも出させていただいてたんですけど、正直『私、結構恵まれてたな』って思ったんですね。もちろんオーディションもありましたけど自分の力というよりは事務所の力やマネージャーさんの力も大きかったし、本当の自分の実力だけでお仕事をいただけていたわけじゃなかったなって。だけど、ＡＶ業界って完全に個人戦じゃないですか。『自分が一商品』っていう意識をすごく高く持たないと長くは続けられないっていうのは過去の経験から頭にあって肌で感じる面も多かったので、『これはこれで一生懸命取り組もう！』って決意してデビューしたっていう感じですね。その時はもちろん家族にも、主人にも、自分の兄弟にも皆に内緒で、『バレませんように』っていうスタートでした」

――AVデビューされた時すごく印象的で、確か最初CMのキャッチコピーで登場されましたよね？『牛乳に相談だ』のあの美少女！現役ママドルがAVデビュー、ってそれだけでもかなり話題になりましたよね。結構とんとん拍子に進んでいった感じだったんですか？

「そうですね。最初はそのスピード感と準備の綿密さにびっくりしましたね。デビューする半年以上前からプロモーションの打ち合わせやグラビア撮影やいろんな方へのご挨拶回りとか色々あって、昔とは本当にやり方が違うなっていう風に思いましたね。かなり新鮮な気持ちで始めることができたんですけど、ポンポンポンとかなりリズミカルに事が運ぶので最初の一、二年はついていくので精一杯でした。仕事をこなしていきつつ、おうちのこともあるし、もちろん主人が帰ってくる時は仕事を入れられないし。もうあっという間でした」

すぐ親にバレて家族会議。
「ちゃんとこの仕事でやっていきたいから」

――バレないように、と思いながら始められたということですが、実際はどうだったんですか？

「すぐバレました（笑）。ＡＶ女優デビューのファースト写真集にサインをする宿題が出てて、自宅のベッドの下に隠してたのがすぐにママに見つかっちゃいましたね。で、写真集の写メが送られてきて、『名前違うけど、これ、そう？』って。で、実家に呼ばれて『家族会議を開きます』って（笑）。両親は普通のサラリーマンに、普通の専業主婦。なので、私がＡＶ女優っていう仕事をすることにすごく驚いたみたいです。それで、『どうするんだ、これから』って、親の方が深刻な感じでしたね。『旦那や子供は知ってるのか』とか『あなた自身はどうなりたくてこの仕事に就いたの？』とかまぁ色々言われましたね。でも、素直に言ったんですよ、『ちゃんとこの仕事でやってみたいから』って。もちろん理解されない、応援されないだろうなっていうのはあるけど、わかってもらいたいっていう気持ちを素直にストレートに伝えました。ママはかなり動揺してましたね。全然受け入れられないし、受け入れたくないって感じでした。パパは『まぁ一度の人生だから、そうやって決めたんだったらもう大人だし、とりあえずサポートできる範囲でやってみるけど、もちろんそんな長くは

続けないよね？』って。もちろんその時はそのつもりだったんですけど、気づいたら七年目みたいな（笑）」

——ちなみに白石さんは、ご兄弟はいらっしゃるんですか？

「私、四人兄弟なんですよ。兄、私、弟、妹。兄弟はみんな私の仕事を知ってますよ」

——どういった反応だったんですか？

「実は親よりも先に弟にバレたんですよ。っていうのは弟はＡＶのセル店でアルバイトしてて、私のデビュー作を見つけて、『これ、お姉ちゃん？』ってメールが速攻きました。『あちゃ！』みたいな（笑）。『まだパパとママには言わないでね』って言ったら、『誰にも言わないよ！　でも応援はしてるよ。体に気を付けて頑張ってね』って言ってくれたんです。『優しいぃ！』って感激しちゃいましたね、その時は。お兄ちゃんはもう結婚してて遠くに住んでたんですけど、何も言ってきませんでしたね。妹もわかってはいるんですけど言ってはこない感じ。兄弟のタイプが分かれてて、寡黙でガリ勉タイプのお兄ちゃんと妹。お勉強はそこそこなんだけど人づきあいはいいよってタイプの私と弟、みたいな感じなんで。弟は今も『最近どんなお仕事したの？』とかけっこうフランクに話してくれますね。でも、兄や妹も何も言わないですけど、応援してくれてるって思ってます（笑）」

夫と子供にはまだ内緒。
……のはずが、もしかして!?

——ご主人とはもうどれくらいのお付き合いになるんですか？

「付き合って二年でプロポーズされて、結婚してもう十二年目くらいですね」

――お子さんはおいくつですか？　男の子？　女の子？

「小学校五年生の男の子です」

――そのくらいの年の男の子だと大変そうですね。

「全然そんなことないですよ。怒ることもあんまりないですね。別に叱られるようなこともそんなにしないですし、大きなケガや病気したりもないし。外で遊んできて『砂まみれじゃん！』くらいなんで（笑）」

――お子さんはお母さんのお仕事について知ってるんですか？

「私からはまだちゃんと話したことはないんですけど、もしかしたら知ったのかもしれないなっていう事件がつい最近あって……。興味本位で自分の名前や両親の名前をネットで検索したりとかするじゃないですか。子供がそうした時に、私がポンとヒットしたみたいで、写真がいっぱい出てきて息子はびっくりして『すぐページ消した』って。出てきた写真がどこまで露出してるものかわからないんですけどね。水着になったりとか、サイン会をしたりとか、人前に出るお仕事っていうのは息子もなんとなくわかってるんですけど、ＡＶが何かはわかってないのでなんて私に確認したらいいのか本人もわからない状態なんだろうな、と。まぁでも時間の問題ですね。私自身は、男の子なので正しい性の知識や女性の扱い方とかをちゃんと知っておいた方がいい、っていう考えなんですね。性的な説明をきちんと中身を知った上でできるっていう特権を母親として持ってるんだと思うので、そういうタイミングになったら全部話すつもりでしたけど、予想してたよりも気づかれるの早かったなって思ってますね」

――これから思春期を迎えますしね。

「反抗期らしい反抗期もなく今まで何も大きな問題が起きてないから逆に怖いです。その反動でもう手が付けられなくなるかもしれないし。そこからがホントの子育てだなって感じがしてますね。これからですね」

――当時海外赴任中だった旦那様にも内緒で始められたとか？　旦那さんももうさすがにご存知ですよね、白石さんがこれだけご活躍されてますので。

「あ、今も海外赴任中でまだ知らないと思います。私からもお仕事の話はしてないですし、彼からも何も言ってこないので」

――旦那様にどこかの段階でお話しすることはお考えですか？

「どう思います、逆に？　最近それがすごいリアルな話なんですよ。昔は『タイミングが来たら旦那に言うし』みたいな軽い感じで考えてたんですけど、でもいよいよほんとに近々旦那さんが日本に完全に帰国するかもしれない可能性も出てきて、なんて言おうかなって思ってて。『AV女優のお仕事をしてます。楽しいです。でもまだ辞めたくないです』っていう

のはもちろん伝えるんですけど。でも、最悪の場合、離婚することになったらどうしようってやっと思ってきて。今までそんなこと全然考えてなかったですけど。離婚はしたくないですし、今の生活がなくなるのは怖いです。結婚してくれててある程度生活の保証もある中で自分がイキイキと生活していく一つの要素としてお仕事もあって。結婚して出産して一時期あきらめた夢がこのお仕事があったおかげでまた叶えられていて、今すごく毎日楽しくって充実してて、あれもやりたい、これもやりたいって欲も出てきて。それがいきなり全部なくなりますってなったらけっこう自分自身が崩れそうな気がします。でも、子供のことを考えると、生活が破綻することが一番良くないっていうのが大前提です。だからもしそうなった時に話し合いがどう転ぶかわからないで

すけど、その時は素直に気持ちを全部伝えようって思ってますが、旦那から『話がある』と言われない限りは、自分からはこの話は言わないかなって思います」

――でも、絶対気づいてますよね、旦那さん。周りの人から言われてますよね。

「言われてるとは思うんですけどね。わかってて言わないって、私が旦那さんの手のひらの上で転がされてるのかな？（笑）」

――逆に旦那さんが白石さんのことを失いたくないから言わないのかもしれないですし。

「確認してみたいけど、ちょっとコワイなぁ」

――いや、確認しない方がいいんじゃないですかね。逆に、お子さんが高学年になって性的に多感になっていく年頃だと思うと、お子さんに話をするタイミングは近いですよね。

「そうなんですよ。先に子供とパパで話したりもありそうだな、男同士だし。二人で話し合ってから、私に来そうだなっていう気もしてて」

――来ないんじゃないですか？　二人で話し合った結果。

「ですかねぇ？　じゃあ、もし何か動きがあったら一番にお伝えしますね（笑）」

――ぜひお願いします（笑）。

仕事とプライベートのセックスは別。
「気持ちいいのは一緒でも、自分の感じ方は全然違うんです」

――旦那さんとは久々にお会いされたりすると、盛り上がったりされるんですか？

「うちセックスレスで、妊娠してからもうずっとないんですよ。でも、一緒には寝るんですね。で、当たったりするんです、ギンギンなものが。なのにぃ……」

——手を出してこない？

「こないですね。でも、チューとかはします。ハグとか、手をつないだり、腕を組んだり。スキンシップはあるしお互い大好きだと思うんですけど、なぜかセックスをしない……。あ！　そう考えると、やっぱりお仕事のことを知ってるのかも！」

——あぁー、そうかもしれないですね。

「だから？　最初は妊娠してるからできなかった。出産してからもバタバタ子育てしてるから、タイミングがなかった。そのうちにAVデビューして……。はっ！　つながった！　えぇっ？　だから手を出してこないの？」

——でも、ギンギンなわけだから、したい気持ちはあるんじゃないですかね。

「そうなんですかね？　いつも彼から来てたから今まで自分から誘ったことなかったんですよね。全然そんな風にしたことないのに、いきなりこっちからは誘えなくないですか？　たまには『今日したいな』みたいなことを私がアピールしてたんだったら成立しますけど、今までスンとしてた人が急に覆いかぶさってきたらけっこうびっくりしますよね？　嬉しいのかな？」

――嬉しいんじゃないですか。

「じゃあ次回、初めて自分からいってみますか」

――ぜひ（笑）。

「わかりました（笑）。やっぱりセックスレスだと寂しいですからね」

――でも、お仕事でこれだけ満たされてると、プライベートはもういいかなってなっちゃいますか？

「それはまた別ですね。どっちもすごくいいですけど、撮影の時の体の満たされた感と、プライベートでの時の満たされた感ってまた全然違います。お仕事の時は一日の間に全部詰め込んでるので。昔は二日撮りだったんですけど、今は一日に三、四セット。だから一回終わっても、『よし！　次！』みたいな（笑）。やっぱり仕事色が強い感じですね。プライベートは時間も気にしなくていいし、カメラもないし、周りに人も立ってないし、正解不正解もないし。だから、集中して体を研ぎ澄ませているのが現場、リラックスして挑んでいるのがプライベート。気持ちいいのは一緒でも自分の感じ方はまた違うんですよね。そういうのはこの仕事に就かないと経験できないので、すごく幸せなことだなと思いますよ」

人妻ママＡＶ女優ならではの悩みと強み⁉

「自分でぽろっと言っちゃいそうだったし（笑）」

——人妻ママAV女優さんならではの悩みはありますか？

「なんだろう？　私の場合は『結婚してます、子供います』って公表してるので、堂々としてていいのでそういった悩みはないかな。変な話、妊娠線とかも消してないんですよ。なので、『子供いるの嘘だ』とか『結婚してるのも嘘だろ』とか言われちゃったりすると、むしろ『ホントなのが強み！』と思ってます（笑）」

——ちなみにデビューされる時に、人妻でママっていうことを隠さずそのままデビューしようっていうのはどういう経緯で決まったんですか？

「私がそうしたかったんです。でも、結婚してて子供がいるっていうのを公表することに賛成意見は少なかったですね。男性にファンとして応援していただくっていう職業なので、少なからず『もしかしてお近づきに』みたいな淡い期待を持ってファンの皆様って支えてくださる部分ってあると思うんですね。そういった意味ではファン層をある程度、限定しちゃうわけじゃないですか。メーカーさんも事務所的にも『大丈夫かな、言っちゃって』『獲得できたはずのファンが獲得できなくなるんじゃないか』みたいな不安があって、でも私は『隠したくないです』っていうのは強く主張しました。『人妻のママです』っていう風に大々的に出してデビューした女優さんの前例がないので、『もしこれでこけたら……』って心配されてたみたいです。やっぱり時間をかけてプロモーションをしてもらってる以上は反対されたらやめるしかないなという思いはありつつも、でもやっぱりそこだけは譲れないなって気持ちが強かったですね。他のことはいいんですけど、子供がいる、結婚してるってことは隠して仕事をしてもどっかでバレちゃいそうだし、自分でぽろっと言っちゃいそう（笑）。だったら先にウソなくいきたいなっていうのが強くあったので。『ホントに？』『ホントに言うの？』って最後まで粘られましたけど、正直に言っておきたいっていう私の気持ちで押し通させてもらった感じですかね」

――白石さんのご登場によってママＡＶ女優さんのイメージが変わったなっていう風に個人的には思ったんですけど、そういう実感はありましたか？

「タイミング的になんですけど、自分がデビューしてから人妻レーベルができたりとか、

『熟女』とか『ママ』みたいなワードをパッケージでよく見かけるなぁっていう風には思ったので、自分が一つの突破口になってたとしたら嬉しいですね。挑戦が成功例として評価していただけたのならすごく嬉しいことだなと思いました。私のファンの方ってもちろん独身男性の方もいらっしゃるんですけど、既婚男性とかバツイチでシングルファーザーの方とかが多いんですね。普通のＡＶ女優さんのファン層とは違った方々が細く長く応援してくれてるなって感覚はありますね」

ＡＶ女優は天職。「夢を叶えたい人は挑戦してほしい」

――今目の前でお話を伺っててもそうなんですけど、白石さんのＡＶ作品を見てるとお人柄の良さがすごい伝わってきて、いつも興奮しつつも泣きそうになってきます、本当に（笑）。

「えぇー（笑）。でも、私もあります、撮影中に気持ちが入りすぎて泣いちゃうこと。相手との関係性にもよりますし、内容によってはすごく嫌わなきゃいけない時もありますけど、大好きでいい時とか母性溢れる役の時は気持ちが入っちゃって泣いてる時あります、なんかもう『愛おしいぃ』みたいな（笑）。セックスしてる時も肌が触れ合ってるところがくっついちゃってるみたいな感じになる時があって、ホントに気持ちいい時とか、お互いが同じベクトルで向き合ってる時ってすごい一体感が高まるんですね。そういう時はホントに恋しそうになります、男優さんに。でも終わったらケロッとして、『ありがとうございましたぁ。またお願いしまーす』みたいな（笑）。それがまたいいですよね、疑似恋愛じゃないですけど。撮影中はやっぱりすごく集中して入り込んでるので、それが見てる方にこうやって伝わってると思うとすごくいいお仕事させてもらってるな、って思いますよね」

——本当にお仕事が大好きなんだなっていうのがすごく伝わってきました。

「そうなんですよ。天職でございます（笑）」

——AV女優を目指している方にアドバイスはありますか？　今は物すごく競争が激しいから、なかなか厳しい世界ですよね。

「回転も速いですしね。昔は半年続いたら長いって言われたみたいです。でも、それが一年になって、二年、三年ってなって、もう十年超えの選手も多くなってきてますね。一方でやっぱりパッと芽が出てもそこを維持するのが難しかったりとか。やっぱりお客さんはみんな新しい物好きで、どんどんどんどん新しい子新しい子ってなっていくのでね。最初の一、二年くらいはすごいお仕事あるんですけどそこから急にストーンってなくなっちゃう子もいれば、そこからさらにグーンっていく子もいたりして。やっぱり何事も三年って言いますけどＡＶ業界もそうで、三年くらいやって楽しいって思えなかったらそこで辞めるのがいいなって私は思いますね。私はそこからどんどん野望が出てきたので十年に向けて頑張ってるって感じです」

――ＡＶ女優のお仕事のいいところはどんなところですか？

「女優さんによってモチベーションの持ち方とか目指すところが違ったりすると思いますけど、自分なりの働き方ができるっていうのが強みだと思いますね。私も子供の行事は事前に

NGを出して仕事入れてないので生活を守りながらお仕事もできるし、すごいバリバリ働きたかったら毎日お仕事入れてもらうことも可能だし。その子に応じたお仕事方法がいかようにもあるっていうのがAVのお仕事の強みだと思います。歌やりたいんだったらAV業界に入って歌を歌うステージもあるし、お芝居やりたかったら舞台もあるし。私も去年と今年、一本ずつ舞台に出させてもらいました。ドラマのオーディションを受けることもできるし、人前で何か話したかったらトークイベントとかもできるし。だから夢を諦めずにAVに出ることもできるよっていうのを強く伝えたいです。自分の夢の先にAVを通して何かキラキラしたものがちょっとでも見えるんだったら挑戦してほしいなって思います」

先輩たちの背中を見て。「去り際って大事」

――AV女優としての今後の展望はどんな風にお考えですか?

「今、AV女優っていうものを見る世間の目が、昔と比べてすごく緩くなったと思うんですね。っていうのは、先輩方がイメージをクリーンにするような活動を前に立ってやってくださったからであって、テレビや雑誌やこういうインタビューもそうですけど、敷いてくださったレールがあるので今のお仕事ができてるっていうのが一番あるので。でも、その方たちがどんどんどんどん卒業、引退されていく。私は吉沢明歩さんが大好きで、初めて見たＡＶがあっきーさんのものなんですけど、そういう方々が晴れ晴れしくこの業界を去っていくのを見て、やっぱり去り際って大事だなって思ったんですね。完全引退される方もいれば、蒼井そらさんみたいに結婚出産まで発信される方がいたりとか。いろんな形でいいんだなっていうことも学ばせてもらってますね。四十歳、五十歳まで現役でいられたらそれはベストですけど、さすがに体力的にも厳しいですし、子供が成人してもやるかなって思ったらあんまり現実的じゃないなって感じてます。なので自分がこの業界を辞める時の引退の形、こういう風に辞められたらいいなっていうのをそろそろ逆算していかなきゃいけないかもしれない、っていう風に思ってます」

前例のない道を切り拓く。

「十周年を目標に新しい白石茉莉奈像を見せていきたい」

「でも引退した後も白石茉莉奈としてできることがあれば、いただけるお仕事があれば、全然続けていきたいなって思ってるんですよ。今ＡＶの活動以外ですごく力を入れているのが、歌のライブの活動とＤＪの活動とあとゴルフのお仕事、それにお芝居なんかもできたらいいなって思ってます。これから先にもやりたいことがあると思うので、いろんなところに足をのばして、何か一つでも抜けた強みが作れればただの人妻ＡＶ女優でデビューした白石茉莉奈じゃなくって、もっといろんな味があるんだよ、いろんな見せ方ができるんだよっていうのをこれからも伝えていきたいです」

――新しい白石茉莉奈像を見せていきたい？

「そうですね。ちょっと我ながら『スゴイ！』と思えたのが、早稲田大学の大隈講堂で性についてのトークイベントをさせていただいたことがあるんですね。マネージャーも『ホントありえない。大隈講堂なんて立てないぞ』って。すごいことなんですよ、ホントに。学園祭なんかではちょこちょこ呼ばれていったりすることもあるんですけど、学園祭でもないのに大隈講堂に呼ばれて壇上で性について語るなんて。自分の成果として一つ残せたなって思いますね」

——これをきっかけに色々なところからお話ししてくれませんかって依頼が増えそうですね。

「お堅い系で言うと、この間は税理士の方のイベントに出させてもらいました。私たちは個人事業主っていうことで毎年確定申告してるのでね。そういう堅めのお仕事をこれからちょこちょこ受けさせてもらえたら嬉しいなって思いますね」

——後輩にとってもいいロールモデルになりますよね。

「そうなりたいですね。誰もやったことのない初めての道を託されるっていうのが、ものすごいモチベーションになります。『前例がない』っていうのはデビューがそうだったからっていうのもあるんですけど、いい方に転ぶか悪い方に転ぶか誰も読めない中で結果が出せた時ってみんなハッピーになれるし、じゃあ次は何をやってみようかってどんどんどんどん高い目標を設定できるじゃないですか。その作業がすごく好きだから。はじめましての方とのお仕事や初めての現場ってものすごい緊張するんですけど、いつもは出ないパワーがみなぎる感じがわかるんですよね。今このお仕事を始めて七年目なので十周年を目標に、私だからできること、誰もやってないことをやっていけたらいいなと思います」

女の子はどうしても悩みを抱えこみがち。「相談できるお姉ちゃん的存在になりたい」

「今、事務所の中で私が一番長いんですよ。後輩がどんどん育ってきてるので、後輩ちゃんたちが安心して働けるような環境なんだよっていうのを自分の背中で見せてあげたいです。不安なことがあった時に相談できる環境があるっていうのは大事ですよね。例えば事務所の人とかメーカーさんとか大人に言いづらいっていうことがあったら、やっぱり女の子同士で不安なことや疑問に思うことはクリアできたら一番いいですし。抱え込みがちなんですよね、どうしても。相談していいのかなって迷ったりとか、自分がＡＶ女優であることを引け目に思ってる部分がみんな根っこのどこかにあって、『私なんかどうせＡＶ女優だし』みたいな

モードになっちゃう時ってあると思うんですよね。女の子ってどうしても毎月テンションが下がっちゃう周期があるし。さらに恋愛の悩みもあってとか、おうちの問題もあってってなったらかなりつらいと思うんですよね、一人で抱えるのって。そういう時に、みんなのお姉ちゃんじゃないですけど、『なんかあったらまりりんに相談しよう』みたいな（笑）。事務所の中だけじゃなくて業界の中で相談できるお姉ちゃん的存在になれたらいいなって思いますね」

——実際、白石さんも悩んだりしました？

「そうですね。やっぱり最初は、昔からのお友達にはＡＶ女優になったことを受け入れてもらえないんじゃないかっていうのはありましたね。『友達でいるの恥ずかしいから、もう絶交ね』って言われちゃうかもしれないって」

――白石さんご自身はやりたくてこの世界に入ってるけど、やっぱり周囲の人に知られた時には拒絶されるかもしれないって恐怖心があったんですね。

「ありました、ありました。一〇〇％拒絶だろうなって。今まで作り上げてきた人間関係はすべて消え去るんだろうなって思ってました。でも、それを天秤にかけてもこの仕事に挑戦したいって気持ちが勝ってたので」

――覚悟を負う？

「そうです、そうです。それで、デビュー後初めて同級生の忘年会に覚悟を決めて行ったら、『実は知ってるんだよね』ってみんなから言われて。『ごめんね。ヤだった？』って聞いたら、『同級生が人気ＡＶ女優だなんて逆に自慢だよ』って言ってくれて、その時はウルウルきちゃいましたね。前の事務所の子も今でもみんな連絡とってくれるし、今日もこの後お茶するし（笑）。で、相談もされるんですよ、性の悩みとか。結構みんな興味あるみたいで、女の子なんか特に。『私全然セックスが好きじゃないんだけど』とか、『でもしてあげるのは好きなんだよね』とか、『全然濡れないんだけどどうしたらいいかな』とか。そういう相談受けるのもすっごい嬉しい。大切なことを教えられるじゃないですか、男性にも、女性にも。特に男性には女の子のことをもっとちゃんと知って欲しいって思いますし。だから、少しでも頼りにされてるっていうのが嬉しくって仕方ないって感じですね」

将来の息子へ。
「やりたいようにやって欲しい、私のように」

——息子さんに将来こういう職業についてほしい、こういう風になってもらいたい、っていうご希望はあったりしますか？

「やりたいようにやって欲しいです、私のように。子供に対してあんまり制限したくないですね。自分がやりたいことで最低限暮らしていけるようになってくれるのが一番いいんですけど。でも、仕事に関しては男性と女性で取り組み方とか、考え方とか、出したい結果とか、そこに行くまでの過程も全くやり方って違うと思うので一概に言えないですけどね。とりあえず、やさぐれず、グレても更生し、人の上に立てとは言わないですけど人のためになるような、人に勇気を与えられるような存在ではあって欲しいかな。自分がやりたいことを突き詰めて、それが結果になって、答えになってくれるのがいいかなって思います」

癒し系のおっとりした中にも強い信念を秘めた白石茉莉奈さん。『AV女優』という枠を飛び越えて、更なる活躍が期待されるカリスマ的存在であることを改めて実感した。ライブやお芝居、性について語るトークイベントなど、明確な目標を定めて実現していく力と、温かい眼差しで真っ直ぐ見つめる瞳が印象的だった。彼女を応援したくなるのは、そのひたむきさゆえかもしれない。

また、これから思春期を迎える息子さんや、いまだ仕事についての話をしていないという旦那様との今後が気になるところではあるが、彼女のしなやかな強さで受け止め、乗り越えていくのだろう。

白石さんは、女性が家庭と仕事のどちらも大事にしながら夢を叶えていくロールモデルとしても意義深い存在と言える。何かやってくれるに違いない、そう思わせる白石さんがこれからどんな新しい道を切り拓いていくのか期待したい。

■白石茉莉奈（しらいしまりな）
一九八六年八月十日生まれ。サラリーマンの父と専業主婦の母、兄、弟、妹の四兄弟。小学生の時に芸能界入りし、高校生で「牛乳に相談だ」のCM出演後、芸能活動を休止。休業中に結婚、出産。夫と子供に内緒で二〇一三年AVデビュー。「あのCM美少女が人妻ママAV女優としてデビュー」と話題になり、一躍人気女優に。二〇一五〜一九年にはセクシーアイドル集団「恵比寿★マスカッツ」の第二世代メンバーとして活躍。

Chapter 2

優月心菜

両極端かも。普通の人はあんまりいなくて、
超お金持ちのお嬢様か、本当に貧乏か

優月心菜さんは一年前にデビューしたばかりの新人ＡＶ女優である。

「あくまで優月心菜としてずっと残っていける存在であれば」

ＡＶ女優としてだけでなく、怪談やお笑いなど様々なジャンルに挑戦しながらマルチな活躍を目指している。

その幼少期は、裕福で幸せな家庭で育ったという優月さん。

「なんの疑問も持たず、普通にうちは幸せな家庭だって思ってました」

しかし、小学四年生の時に両親が離婚したのを機にその歯車は狂いだし、経済的にも精神的にも辛い生活が始まる。その後から現在に至るまでの人生や複雑な家族への思いを聞かせていただいた。


裕福で幸せな家庭が一転、壮絶な人生に……。

「けっこういい家の子でした」

——どんなご家庭で育ったのか教えていただけますか。

「自分で言うのもなんですけど、けっこういい家だったと思います。おうちは世田谷区の二子玉川にあって。お父さんは有名企業の部長をやってたんですけど、年収もいい方だったと思います。お母さんは元々キャビンアテンダントをやってて、子供産んだタイミングで辞めたみたいです。そんな家庭に生まれ育ちましたね」

――ご家族は仲良かったんですか？

「はい、仲良かったですよ。日曜日になると色々なところに連れてってくれましたし、旅行もいっぱいしたし。なんの疑問も持たず、普通にうちは幸せな家庭だって思ってました。でも、小学校四年生の時に両親が離婚しちゃって」

――多感な時期にご両親の離婚はショックですね。

「私の見えないところで両親はケンカしてたみたいです。私の見えてるとこではスゴイ仲良くて、スゴイ幸せだったんですけど。それから段々生活が厳しくなっちゃって」

——生活が厳しいというと、具体的にはどんな感じだったんですか？

「まず養育費を払ってもらえなかったみたいです。お父さんがいろんなところに借金しまくってたみたいで、その借金がすごくて自己破産しちゃってたんです。それまでにお母さんの財産も全部売っちゃって借金の返済に充ててたみたいで、お母さんもお金無《な》くなっちゃってたし」

——どうやって生計を立てていたんですか？

「最初生活保護を申請したんですけど、通らなかったんです。お母さんが働くしかなくてデパートでパートのお仕事をしてたんですけど、そんなにはお給料もらえてなかったみたい。その頃から、おじいちゃんとおばあちゃんも私たちと住むことになったんですけど、おじいちゃんとおばあちゃんが養ってもらって当たり前みたいに思ってる人たちで、働いてくれな

くて。だから、お母さんだけが働いて。でもそんなの養えるわけないじゃないですか。それで、段々生活が厳しくなって」

――何が一番大変でしたか？

「一番？　えー、色々ありすぎてどれが一番とか言えないですけど。まずライフラインがすぐ止まっちゃうのは困りましたね。最大でお風呂一か月とか普通に止まってましたよ。ガス止まるのもそうだし、水道も止まるから公園に水汲みに行ったりとかもしょっちゅう」

――汲んでくる？

「汲んでくる（笑）。ペットボトルに水入れて。で、ペットボトルの水溜めて髪洗うんですよ」

――すごい節約術ですね。

「やりましたよ（笑）。そんな生活で、おばあちゃんはお金ないのを私に八つ当たりして、ごはん食べさせてくれなかったり、包丁で殺されそうになったり」

――え？　おばあちゃんにですか？

「おばあちゃん鬱気味だったんですよね。ま、おじいちゃんはあんまりあれこれ言わなかったけど、おばあちゃんが私をいじめてるのを見て見ぬふりしてましたね。私、毎朝毎朝説教されてました、おばあちゃんに。おばあちゃんが錯乱して、『おまえのお母さんがお金払わないからいけないんだよ』って言って、私に請求書を見せてきたり。お母さんが仕事が休みの日に倒れたように家で寝てると、『お嬢様でいいわね、のんびりして』とか嫌味言ってるのとかも小さい時から見てましたし」

――一緒に住んでいたのは、父方のおじいちゃん、おばあちゃんですか？

「いいえ、違います。お母さんの方の」

――自分の実の娘なのにそんな感じだったんですか。

「元々おばあちゃんとお母さんもそんなに仲良くなかったみたいで、かつおじいちゃんは実のおじいちゃんじゃなかったんですよ。それも知らなくて、途中で聞かされたんですけど。血が繋がってなかったから余計おじいちゃんは見て見ぬふりだったのかな。とにかく生活保護の申請が通るまでがすごい大変でした。結局その家も追い出されて引っ越すことになって、次の家に引っ越したタイミングでやっと生活保護が出たんですけど。やっぱりおじいちゃんもおばあちゃんも働かないし。お母さんばっか働いて。いつも喧嘩は絶えなかったし」

――複雑なご家庭だったんですね。お母さんもご苦労されたんですね。

「だからおばあちゃんたちとは途中から別居しだしたんですけど、私が十四歳の時に。お母さんもその時はもう鬱だったんで、お母さんと二人になってからもお母さんの感情の波が激しくて、よくケンカになりました。お母さんが凄い大量にお薬飲んじゃったりとかして、包丁振り回して『殺す』って何回も言われて凄かったですよ。お母さんも病んでましたね、その頃。あと家賃が払えなくて一回闇金からお金借りたことがあって、そしたら朝の五時に取り立てが来てスゴイ怖い思いをした時とかもありましたね」

別れた父親との関係。

「会ってないし、会いたいとも思わない」

――お父さんとの関係はどうなられたんですか？

「お父さんとは離婚した小四の時から会ってないです、一回も」

——お父さんの方からも連絡来ないですか？

「来ないです。多分、娘と連絡取らないでって母親が言ってるような気がします。一回家にみんなで襲撃しに来たことがあったんですよ。お父さんと、お父さんのお母さんと、お父さんの弟で。親権がお母さんになったのに、『この子たちはあんたの子じゃない』とか言って勝手に私を連れてこうとしたから」

——優月さん自身はお父さんに会いたいとか、そういう想いはないですか？

「ないですね。両親が離婚するって聞いた時は、『パパに会えなくなっちゃうのヤダ』って思いましたけど、今思い返すとお父さんもちょっと変わった人でおかしかったですね。お父さんもちょっとヤバい人で、危ない人だったみたいで。私たちと住んでた頃はいい企業のお偉いさんだったんですけど、ちょっと周りの人とうまくいかなくていろんな職を転々としてたみたいですね。ネットで探したんですけど。本当はゲイだったみたいです」

――それは知らなかったんですか？

「知ってました。お母さんが離婚した最大の決め手はそこだったって言ってたので。って言っても聞いたのは大人になってからで、子供の時は何も気づかなかったけど」

貧乏が理由でいじめられ、苦労した学生生活。「高校卒業するのに五年かかりました」

――学校での生活はどうだったんですか？

「んー、あんまりいい思い出ないですね。学校でいじめられてたんで……」

――いつ頃からいじめられてたんですか？

「中学生くらいからですね。やっぱ貧乏だったから。衣替えの冬服に変わるタイミングで制服買えなくて、それでちょっと馬鹿にされたりとか。髪も汚かったし、お風呂とか止まってたから。それでいじめられたりとかありましたね」

――高校に入ってからはどうだったんですか？

「高校生活も大変でした。高校も卒業するまでに五年かかったんですよ。一年目、私立にしか受からなくて私立高校に行ったんですけど、お金がなくて入学三か月でお母さんに『ゴメン、中退して』って言われて。そこからずっとバイトと家の往復で、あとは引きこもってましたね。次の年に公立高校を受け直して合格したので二年間通ったんですけど、途中で交通費払えなくなって通えなくなっちゃって。それで出席日数が足りなくなって。しかも当時、私も荒《すさ》んでたから先生とよくケンカとかしてたんですよ。それで、先生に『うちの学校にもう残らないで』って言われて、定時制高校に転校して、それから二年かかって卒業しました」

——それで卒業までに五年かかったんですか。

「はい、よく卒業しました（笑）」

——その頃のお友達関係はどうだったんですか？

「んー、その二つ目の高校で、一年目の高校生活はうまくいってたんですけど、二年目から交通費なくてあんまり通えなくなってからは周りの子とコミュニケーションとれなくなっちゃって、それでやっぱりケンカしてました。それでいじめられるようになって、段々保健室登校になりましたね。あ、でも、定時制行ったらいじめられなかったです。もっと変わった人ばっかだったから」

——その頃もお母さんは百貨店でパートさんをずっとやってらして？

「ずっとやってました。途中からは生活保護のお金をもらいつつ。それで、高校生になると、お母さんの代わりに生活保護のお金を受け取りに行ったりとかしてたんですよ。他の受け取る人たちを見ると、私の家よりはるかに貧乏そうな人もいて、思うところは色々ありましたね。それにケースワーカーみたいな人にいちいちお金を何に使ったとか全部報告しに行かなきゃいけないんですよ。途中お母さんが病んできちゃったから、全部私がやんなきゃいけなくなっちゃって。ケースワーカーの人も結構上から強く言ってくるんで、正直めっちゃ辛かったです。あぁ、こういう思いはしたくないなぁ、って本気で思ってましたね」

声優に憧れるも、男に騙されて捨てられ、風俗嬢に。
「彼に捨てられたら帰る場所がないと思って」

——その後、ＡＶ女優になるまでの経緯を教えていただけますか。

「最初、声優になりたかったんです。声優の活動を下積み七年くらいしてたんですけど、なれなくて。その間に声優の養成所に入って、事務所に所属すればまだ可能性もあったかもしれないですけど」

――どうして養成所には入られなかったんですか？

「お金がなかったんで（笑）。それで、自分で声優のオーディション受けたりしてたんですけど、そこでプロデューサーだっていう男の人に出会ったんです。そのプロデューサーは元々ビジュアル系をやってた人で、それで某声優さんの番組の仕事を手伝っているスタッフだって言ってて。それで、自分は声優さんの知り合いだからみたいな口車に乗せられて、その人のところでお世話になるようになって。でも、途中から段々段々様子がおかしくなってきて、向こうが恋愛的に迫ってくるようになってきたんです」

――それで、どうされたんですか？

「でも、その頃母親とうまくいってなくて私も早く家を出たかったっていうのがあって、迫られた時に『じゃあ、その人といっしょに住めばいいじゃん』って思っちゃって。家飛び出して、その人の家で半同棲するようになったんです。それで、その人と暮らすことになったんですけど、一緒に暮らすようになってからがひどかったですね。まず最初に半同棲してた家を、更新料が払えないからもう出ていかなきゃいけないんだって言われて。それで、消費者金融でカードつくって来いって言われて、二社でカードをつくらされました。その借りたお金で引っ越して一緒に同棲し始めたんですけど、まぁ、お金がないから私が働いたり、私の声優のギャラで彼を生活させるみたいな生活が五、六年続きましたね」

――よくそんなに続きましたね。

「私が彼に依存《いぞん》してたから。暴力も振るわれるし、浮気してる子も別にいたのわかってたし、全然付き合ってるって感じじゃなかったですけど」

――嫌になったりしなかったんですか？

「親とも縁切っちゃってたから、彼に捨てられたら帰る場所ないと思って。色々我慢はしてましたね。で、まぁ散々な目に遭ったんですよ。それがある日『おまえは出てけ』って急に追い出されたんですよ。で、私もう行くところがないから、急遽シェアハウスに住むことになって。それで、目が覚めました。このまま守られてるだけじゃダメだと思って。やっぱりお金がないとバカにされるし、何もできない。声優業界でも最初にお金があったらちゃんと養成所も通えてたのに、ってすごい反省して、歌舞伎町をヤケ酒して泣きながら歩いてたら、スカウトに声かけられて、風俗のお仕事を始めたんですよね」

――それまでは、風俗のお仕事されてなかったんですか。

「一回も。キャバクラとかガールズバーで働いたりはしましたけど、ヒモの彼氏を養うために。この時初めて風俗をやりました」

ホストにはまり、風俗の出稼ぎ営業へ。
「出稼ぎの方が稼げるから出稼ぎに行くんです」

「風俗をやるようになってからは、ホストにはまって大変でした」

――ホストの方にかなりつぎ込まれたんですか。

「そう、大変なんですよ。シャンパンタワーする時なんか三百万くらい必要だったんで。そうすると風俗のお店に毎日毎日出勤しないといけないですもん。でないと入金日に間に合わないから。ホントにすごい大変でした、今考えたら。一日最大で十一人接客したことがあって、頭おかしくなりそうでした。『あと何人イケばいいの？』みたいな」

――ホストにはまってそこに大金をつぎ込むっていうのは、皆さん何を求めてらっしゃるのでしょうか？

「うーん、イケメンと、イケメンがお金払えば優しくしてくれるから、みんなそれがいいんじゃないですかね?」

――仕事ってわかってても、それでもいいわけですか?

「仕事ってわからなくなってきちゃうんですよ。めっちゃ上手なんで。ホントに距離が近いし。毎日連絡するし、一緒にデート行ったりもするし、おうちも上げてくれるし。全然彼氏みたいな感じでしたね」

――普通に家にもあげてくれるんですね。

「あげてくれますね。まぁ人によるみたいで、皆があげてもらえるわけじゃないですけど。私の担当はそうだったから、私もすごい勘違いしちゃいました」

――実際本当に付き合ったり、結婚されたりってあるんですか?

「あぁ、付き合ってる人は多いです。でも、まぁ営業ですけど。本営っていうんですけどね。でも、結婚する人はごくわずか。本気で結婚する人がさらにごくわずかで、営業で結婚する人はまた何人かいる」

――えっ、営業で結婚？　ビジネス婚？

「あ、そうです。営業で結婚して、またお金を搾取するみたいな」

――凄い世界ですね。

「親まで紹介されたけど、営業だったって話も結構聞きます」

――ホストのご家族にも興味が湧いてきました。そういえばホストからＡＶ男優に転向ってあんまり聞きませんよね。

「あぁ、いないかも、あんまり。ホストって、あんまりセックス好きじゃないんですよ。なんかもう毎日セックスしてるから、セックスに疲れちゃってて。セックスイコール仕事ってなっちゃってるから、あんまり女の子も好きじゃないし、死ぬほど女とセックスしたいみたいなホスト、そんなにいないですよ」

――そうなんですね。

「ヤダって人が多い。誘っても断られたりもしますもん」

――実際、ホストに貢ぐ収入源っていうのは風俗で稼いだお金ですか？

「主に風俗の出稼ぎですね。出稼ぎの方が稼げるから出稼ぎに行くんです」

――出稼ぎだと給料保障があったりするそうですね。

「風俗のお店って五日くらい滞在したら、もう段々人気落ちてきちゃうんですよ。だから五日ごとにいろんな地方を移動して行くんです。宇都宮、静岡、岩手、福島、岐阜を一か月で回りました。柏とか、西船橋とかも回ったかな。水戸も行きましたね」

――一か月で最高どれくらい稼げるもんなんですか？

「その頃は頑張ってたんで、頑張れば一日十五、六万は稼いでました。二十五日とか出勤したら三百万近くは稼げますね」

――すごいですね。そのお金をホストの方につぎ込んで？

「全部使ってました。でも自分は凄い貧乏でしたね。今そのお金があればと思いますけど」

風俗嬢からＡＶ女優へ転身。

「えっ、まだ私にチャンスもらえるの？」

――そこからどういった経緯でＡＶ女優になられたんですか？　ＡＶに行くのに特に抵抗もなく？

「抵抗とかはなんにもなくて。風俗に出勤し過ぎて心身ともに疲弊しちゃって。それに、ホスト関係のお客さんからツイッターで、当時働いていた風俗店のことを晒されるなどの嫌がらせをされて、もう普通に芸能をやるのは無理だと判断しました。それで、ＡＶ業界に行こうと決心しました」

――どれくらい出勤してたんですか？

「二十四時間営業のデリヘルで、二十四時間以上働かされたんですよ。だからもう段々疲れてきちゃって。もっと楽して稼ぎたいなと思って、ＡＶのスカウトにお話を伺いに行ったんですよ。『もうＡＶ女優になります。なんかいいとこ知らないですか』って。それで連れてこられたのが今の事務所です」

――「ＡＶ女優になったら私の人生終わりだ」くらいに思っちゃうんですか？

「最初ここに受けに来るまではそう思ってました。もう芸能は諦めよう、そういう望みは捨てて生活費稼げればいいや、みたいな。もう風俗の鬼出勤疲れちゃったから。ただもう声優なったりとか正統派系で売れるのは諦めようって覚悟では脱ぎました」

――実際になられてみていかがでしたか。

「面接を受けて話を聞いた時に、芸能で売ってくれそうな感じで話が進んでるから、『えっ、まだ私にチャンスなんかあるの？』ってビックリしました。こんな風にいっぱいお仕事もらえると思ってなくて。『もう人生終わった』くらいの気持ちで飛び込んだんですけど、『イヤ、違う。変わるな』って」

――今はなかなかＡＶ女優さんになるのも難しい時代ですからね。

「そうみたいですよね。そういうのも全然知らなくて、奇跡的に採っていただいたから。『もうホスト切って、また仕事頑張るか』って気になりました（笑）」

――実際、ＡＶのお仕事は収入的には稼げるもんなんですか？

「いやー、あんまり稼げないですね。やっぱり風俗のが稼げますよ、全然。売れてるＡＶ女優さんだったら稼いでるかもしれないですけど、私はまだそんなに売れてるわけではないんで」

――昨年デビューされたばかりですよね。

「そうそうそう。まだこれからって感じです」

――今はもう風俗のお仕事はやってらっしゃらない？

「今はやってないです。ホスト通い止《や》めたから。ホスト目的で風俗のお仕事を頑張れてたんで。今はＡＶのお仕事一本ですね」

――そうすると、今のモチベーションは、お金を稼ぐのが目的ということではない感じですか？

「そうですね。そんなにお金も必要ないし、金銭感覚も戻りましたね。以前歌舞伎町で遊んでた頃はブランド物で全部固めてないと落ち着かなかったし、髪も染めてエクステつけてギャルっぽくやってたけど、そういうのもやんなくなったし。ごはんも作るのめんどくさくてだいたい出前か外食だったけど、今はもう全部自分で作ってるし。生活が変わりました」

――そうすると、今は何をモチベーションにして、何を目指してやってらっしゃる感じですか？　ＡＶ界でトップを取るとか？

「そんな、そんな。ＡＶ界でトップ取るのは難しいってうちの社長にも言われてるんで。色々なことに挑戦していきたいですね。若いうちだけじゃなくて年をとってもやっていきたいですし。あくまでも優月心菜としてずっと残っていける存在であればいいかなって言う感じです」

その後の家族関係。

「自分で稼いで人に頼らず生きていけるようになったんで」

――サバイバル能力が本当に高いです。自分だったらどういう風に生きてたんだろうと思います。壮絶な家庭環境で育って、たくましいですよね。

「いやー、やるしかない、みたいな感じです。もう誰も頼れないから自分で動くしかない、みたいな」

――結構複雑な家庭環境の方が多いんですか、ＡＶ女優さんっていうのは。

「イヤ、そんなことないですよ。でも、極端かも。普通の人はあんまりいなくて、超お金持ちのお嬢さんか、本当に貧乏か。もしくはホストに貢ぐためにＡＶ女優になりましたって人ですかね。そういう人はめっちゃ多いですよ」

――自分で稼げるようになったことで何か変わりましたか？

「いやもうホントに自分でお金が稼げるようになってよかったです。自分で稼いで一人で生きていく力を身に着けたっていうか、人に頼らずとも生きていけるようになったんで。親とも今は仲直りして会ったりとか、イベントも来てくれてます」

――お母さんですか？　よかったですね！

「はい。でもやっぱり母親としてはかなり頼りないけど。今はもう病気も落ち着いてるんで、お互いうまく接することができてます。子供の時はやっぱり嫌だったし、なにも助けてくれないし、相談相手にもならないから、当時はすごく困りましたけどね」

――お母さんも今はご自分で生計を立ててらっしゃるんですか。

「お母さんはお母さんで自立してやってくれてます。一時ホントに鬱がひどい時は、『お金持って来い！』みたいに言われてたこともありましたけど。当時はそれが嫌で、それが決め手で家を出たっていうのもあったんですけど」

——先日、『じっくり聞いタロウ』（テレビ番組）に出演された時も、お母さんに連絡されたんですか？

「連絡してますし、全部見てくれてます。今はそれくらい仲直りしました」

——おばあちゃんとは連絡は取られてるんですか？

「おばあちゃんとも連絡は取ってます。もう鬱が治ったからおばあちゃんも普通になったんで」

——おばあちゃんは今のお仕事ご存知なんですか？　どういう風におっしゃってますか？

「おばあちゃんも仕事のことは知ってます。もうお仕事だから自分で決めて生活してるなら何でもいいよ、みたいな感じですね」

——お母さんはお仕事どういう風に思ってらっしゃるんですか？

「お母さんも、今まで自由にさせてあげられなかったから、もう無事に生きててくれればいいよ、くらいですね。やっぱり子供の頃生活が大変だったので、そういうの悪いと思ってるみたいで」

——じゃあ、こうやって一生懸命働いて活躍されているのを喜んでくれてるんですね。

「そうですね。やっぱり自分でちゃんとやること決めて仕事してるから」

将来の家族観は。

「なんにもないですね」

――将来、家庭に対する希望はあったりするんですか？

「なんにもないですね。自分がすごい苦労したから」

――子供を持ちたいとかもないですか？

「特に子供は欲しいとは思わないですね。お金がある程度ないと子供が惨めな思いをするのも知ってるし。それに、やっぱり自分が運動神経も良くないし、頭も良くないから、生きるのすごい苦労してるんですよ。だから多分、私の子供って絶対生きても大変だと思うから。っていうか、男性がもう信用できないですね」

――信用できないですか？

「できない。ずっと男に騙されてきたし、そういうのはいいかな。まともな男っているのかなって思っちゃいます。今は自分で稼いで一人で生きていく力を身に着けたから。人に頼らずとも生きていけるようになったんで」

明るい笑顔で天真爛漫に語ってくれた優月さんと、その壮絶な人生とのあまりのギャップに驚かされた。様々な苦労や困難を乗り越え、ＡＶ女優としてスタートラインに立ったばかりの優月さん。今後も優月心菜として息の長いマルチな活躍を目指していく前向きな姿勢は思わず応援したくなった。

将来の家族像は何もないと話す優月さん。複雑だった家庭の事情や、自身の男性経験から、「家族」というものへの理想は抱いていないようだ。しかし、「自分で稼いで一人で生きていく力を身に着けたから」という優月さんの生き方も、一つの選択肢であることは間違いない。

■優月心菜（ゆづきここな）

一九九五年十一月九日生まれ。両親と姉の裕福な家庭で生まれ育つも、小学四年生の時に両親が離婚し、父親とはその後音信不通。養育費もないままシングルマザーとなった母親のもと母方の祖父母も同居するようになり生活保護を受ける極貧生活に。家を出て声優やアイドルの道を模索しながら、テレビやラジオ、舞台に出演。さらなる飛躍を目指し、二〇一九年にAVデビュー。

Chapter 3

板垣あずさ

息子には、今の私をそのまま見てもらえれば。
あわよくば、尊敬してほしい。あわよくばね(笑)

四歳になるという可愛い一人息子とのツーショット写真をＳＮＳにアップする板垣あずささんは、子育てに奮闘中の一児のママである。

「多分、もう少ししたら楽になるんです」

手がかかる年頃の子育ての苦労をねぎらうと、明るい笑顔でそう答えた板垣さんは大変ながらも子育てを楽しんでいる様子。

板垣さんは全国女子高生制服コレクションをきっかけに、子供の頃からの夢である芸能界の道へと進んだ。グラビアアイドルから、家族に内緒でＡＶ女優へ転身。ＡＶ女優として活躍するさなかに妊娠がわかった。

現在はＡＶ女優業から引退し一児の母となった板垣さんに、実家の家族や息子さんへの思いを伺った。

グラビアアイドルからＡＶ女優の道へ。

「怖さはなかったです。何も知らないって得なんですよ！」

――ＡＶ女優になられたきっかけを教えていただけますか。

「小さい時から芸能界への憧れはあったんです。小学生の時から浜崎あゆみさんの大ファンで、『あゆちゃんみたいになりたいなぁ』って。そういう突拍子もない夢を持ってました(笑)。それで、十五歳の時に集英社さんのヤングジャンプの制服コレクションに出たのをきっかけに、グラビアを始めたんです。それからちょっとだけ芸能活動させてもらってたんですけど、一度辞めて。でも、やっぱりどうしても芸能人になりたいと思って、高校卒業して十八歳の時に新潟の実家を出て上京したんです。その時にスカウトされたのが直接のきっかけですね。知人がスカウトマンだったんです」

――スカウトは、グラビアじゃなくて、いきなりＡＶをやらないかって話だったんですか？

「元々その人に、グラビアで芸能活動してたっていうのは話してあったんですよ。よくグラビアからＡＶに行く時に、イメージビデオとか着エロ(注)とかを挟むっていうんですけど、全然そういう話もなかったですね。ドン！　ってＡＶの話しかされなかったから。逆に当時は、

着エロとか知らなかったんですよ、言葉自体も。だから、半分くらいは騙されてたっていうのはあるんですけど（笑）」

——ＡＶに対して抵抗はなかったですか？

「変な怖さ的なものはそんなになかったです。何にも知らないって得なんですよ！　若い時って特にそうだと思いますけど。あれこれ調べちゃったり、あれこれ聞いちゃったりとかすると、多分怖くてできなくなっちゃう。何も知らなかったから、『まぁ、何とかなるでしょ』って（笑）」

反対されるのはわかってたから言わなかった。
「うちの家族、見た目はチャラチャラしてるけど、頭カタイんです」

——家族構成を教えていただけますか。どんなご家庭でしたか？

「両親と姉、あと七歳年下の弟がいます。うちの家族は、見た目はみんなもれなくチャラチャラしてます（笑）。でも、なぜか頭カタイんですよ。すごく常識にそって生きようとしている感じ。うち、ホントに男子禁制だったんですよ。男の子は玄関の前に立つのもダメ。彼氏もみんながいる時間帯にリビングのみ、みたいな。夕飯とか食べるんだったら、そのきっかりの時間に呼んで、ご飯食べ終わってご馳走様したら、『帰れ』みたいな（笑）。『絶対に娘の部屋にはあがるな』みたいな。見た目はチャラいんですけど、妙にガチガチでしたね」

着エロ　着衣した状態でのエロティシズム表現を意味する造語。グラビアアイドルのイメージビデオやグラビア写真における表現手法の一つとして用いられる。

——ＡＶに出たのは、家が厳しかった反動もあるんですかね？

「反動ってほどの反動もないんですけど。なんですかね。特別悪いことをしてるわけじゃないから、そんなに抵抗がなかったって言うだけのことですけど」

——ＡＶの仕事を始める時には、親御さんには話されたんですか？

「話さなかったですね。家族にとっては迷惑じゃないですか。だから、話したら反対されるのはわかってたんで。始めることに迷いはなかったけど、内心モヤモヤはスゴく感じていました。ちょうどデビューする頃に偶然親と連絡を取ることがあったので、『こんなにモヤモヤするくらいなら言っちゃえ』と思って、言っちゃいました（笑）。言った時の反応はスゴかったです。母親は物凄い剣幕で、『言わないでやったのが、すごく気にくわない』って。『せめて相談してからやって欲しかった』って。その後一年くらいは私と口きかなかったですね、母親は」

――AV女優になったことより、言わなかったことを怒ってらっしゃった？

「そんな感じでしたね」

――お父さんはどんな感じのリアクションだったんですか？

「父親の方は、『体壊すなよ』的な感じでした（笑）。父は週刊プレイボーイに私のAVデビューの告知が掲載されているのを見て、気づいてたらしいんです。でも、その時も特に何も言いませんでしたね。だから、お父さんとはずっと普通にしゃべってました」

――ご兄弟はAV女優のお仕事に抵抗はなかったですか？

「やっぱり弟はありましたよ。私が十八歳でデビューした時に、七個下だから十一歳。ちょうど中学生になる前の思春期でしたからね。中学生の頃に『姉ちゃんのDVD送ってもらえよ』とか、『俺の姉ちゃんなんです、って言ってDVD買ってきてよ』とか言われたりしたっていうのを後で聞きました。当時は家族と全然連絡を取っていなかったので、そんな風に言われてるのは知らなくて。弟は、適当に『はいはい』って感じで受け流すようにして、真に受けないようにしてたみたいです。だいぶ後になってから、実はそうだったんだっていうのを聞いて。そういうことがあっても変な風に曲がらないでいてくれて、その辺は弟に感謝かな、と思いますね」

――お姉さんはどんな反応でした？

「お姉ちゃんはめっちゃうるさかったですね。親よりうるさかったですよ。嫌いなんです、そういうの。もう『いかがわしいっ！』って感じで（笑）。お姉ちゃんも見た目わりとチャラチャラしてるし、キャバクラやったりもしてたんですけどね。でも、接客してても、お客さんがちょっと下ネタ言っただけでどんどん不機嫌になる、みたいな（笑）。そういう風俗系とかAVとかに関しては、『ありえない、気持ち悪い』みたいな拒否反応はありましたね」

――おじいちゃん、おばあちゃんはどうだったんですか？

「おじいちゃん、おばあちゃんは知ってたのかな？　どうだろう？　母方のおじいちゃん、おばあちゃんは知らないままだと思います。あんまり付き合いがなかったし。父方のおじいちゃん、おばあちゃんは知ってたと思うけど。でも、帰った時も別に普通にいつも通りでしたね」

――親戚の方たちは応援してるとか、反対してるとかありましたか？

「特にないですね。みんな、体のこととメンタルのことだけを心配していてくれたみたいですけど。特別怒られたり説教されたりとか、グチグチ言われたりだとかはなかったですよ。私が言うことを聞くタイプじゃないのわかってるから（笑）」

――今はご両親はどんな感じですか？　応援してくれてる感じ？

「今はそうですね。体壊さないように、自由もほどほどに、って（笑）」

緊張しなかったことはないＡＶの撮影。
「『やぁ、今日はセックスしよう』って普通ならないじゃないですか（笑）」

――ＡＶの撮影は緊張したりしなかったですか？

「緊張しなかったことないですよ。ずーっと緊張。スタッフさんも、男優さんも、基本的には他人じゃないですか。他人に何かすることに慣れることってずっとなくて。会って、『やぁ、今日はセックスしよう』って普通ならないじゃないですか（笑）。でも、ＡＶってそんな感じじゃないですか。『今日はよろしくどうぞ』っていうのが、『今日はセックスしよう』っていう挨拶みたいなとこある。だから、撮影中にちょっとずつちょっとずつ緊張をほぐしながらやってた感じですね」

「やって良かった」に変わるってわかってるからやる。「相談して変わるぐらいだったら、やらなきゃいい」

——AV女優さんとして活躍される中で、大変なことはありましたか？

「一応受けたものはやらなきゃいけないじゃないですか。やらなきゃいけないので、とりあえずやるじゃないですか、大変でも。それが結果『やってよかった』に変わるってわかってるから自分はやるんですけど。よかったに変わらないことは、最初から乗り気になれないので」

——とはいえ、いざ現場で、「そこまでは聞いてなかった」みたいなことはよくあるんですか？

「何回もありますよ。そういう時は、もうメイクルームに引きこもって出てこない。『絶対に出ない！　全員そこから離れろ！』とか言って（笑）」

――その後、結局どうなったんですか？

「ある程度和解策をとって、現場再開する、しかないですよね。メーカーさんも細かいところまでちゃんと提案してくれて、『この角度だったらいいけど、この角度はヤダ』とか自分でも確認して。『それだったらできる』と思えたら、そこで和解策をとってやりましたね。でも、ＡＶの台本とか構成って、結構直前にならないと来ないことも多いんですよ。前日、当日、当たり前みたいな。でも、当日とか前日に言われたってことは、逆に断ってもいいからって事務所からも言われてましたし。ずーっと前に言われてて、それで突然その日に断るっていうのは違うかなとは思いますけど。今聞いたっていうのは、バンバン断ってましたね（笑）」

――ポリシーを持って自分でなんでも決められてる印象なんですけど、どこかの段階で悩んだりすることはなかったんですか？

「昔からそういう性格なんですよね。気がついたら決まってる。悩みは後から考えよう、って思いますね。やる前に悩むと、マイナスが出てきません？　やっちゃえば、結果やった方がよかったりもするじゃないですか。これは後から言えることなんですけど。その時は直感的に『今だったらイケる！』みたいな感じでやっちゃってますね。ホント、頭悪いんですけど（笑）。悩むって言うよりは、『やる』ってちゃんと決めてしまった後は、やりながらあちこちぶつかりながら歩いてる（笑）」

――ぶつかった時は悩みますか？　ぶつかってもそれ自体も悩まずに？

「そうですね。『それはそれで』って思っちゃいますね。その時その時で、何となく解消したりとか、解決してみたりとか、気にしないようにしてみたりとか。いろんな収拾のつけ方をとっていたんだろうなぁ（笑）。今も多分似たようなもんです。変わってないと思います」

――誰かに相談するとかないんですか？　自分で結論出てしまっている感じですか？

「基本的に結論出ちゃってますね。基本頑固だし（笑）。『相談して変わるぐらいだったら、やらなきゃいい』って思っちゃいますね」

ＡＶ女優として活躍のさなかに妊娠。
「『産みたい』と思ったから、産みました」

――ＡＶ女優として活躍中に突然の引退。実は、結婚、出産されていたと伺ったんですが、旦那さんとはどういうきっかけでお知り合いになられたんですか？

「結婚してないですよ、私。できて、産んだだけです。結婚一回もしてないんで。相手は飲み屋で知り合った子だったんですけど、結局四年くらい付き合ってたのかな。でも、別にお互いそういう気もなかったんで、子供だとか結婚だとかは。自分もまだＡＶ女優として現役だったし、そういう気はなかったんですけど、できちゃったんで。その時、私二六歳だったんです。『そろそろ産んでもいい年齢じゃない？』と思ったのと、『この年で堕《お》ろすのもどうかな』と思ったのもあって、『産みたい』と思ったから産みました。一人くらい産んでも、多分バチ当たんないじゃないかなと思って。だから、産むってこと自体は迷いもなくすぐに決まりましたね」

――その時の親御さんのリアクションはどうだったんですか？

「親には生まれる一か月前に電話したんです。それで、母親に『生まれる』って言ったら、ＡＶのこと知った時よりびっくりしてました（笑）。『どうすんの？』『父親はどうなってんの？』『一人でそっちで育てる気なの？』とかいろんなことを質問されて。あまりの質問攻めに、『ちょっと生まれるまで待って』って（笑）。自分自身、目の前のことに必死なのに、今は答えてらんないと思って。こっちが突然言ったのも悪いんですけどね。とりあえず『生まれてから考えるから』って」

――お父さんのリアクションはどんな感じだったんですか？

「お父さんは、もう私のそういうとこに驚かなくなってました。とりあえず無事に生まれればいいな、みたいな。そんな感じでしたね」

元AV女優のママ友事情。
「ママ友との付き合い？　別に普通ですよ」

――今お子様はおいくつなんですか？

「四歳になります。男の子です」

――ママ友とのつながりはどんな感じですか？

「あ、全然普通ですよ。ママ友はママ友ですね。保育園のママ友もいますし、近所の同い年の子供のママ友もいますし。ママ友に関しては、仕事のことは全然関係ないですね。ま、知ってる子は知ってますけど、いちいち言われたりとかはないです」

――あ、そうなんですか。パパさんが「板垣あずさだ！」とザワついたりもないですか。

「それもないですね。保育園って結構お迎えの時間とかみんなバラバラなんで、そんなに顔合わせることもないですし。私、普段スゴイすっぴんで過ごしてるんで、気づかれないですよ。メガネっ子だし（笑）。あんまり気づかれない」

――そうなんですね。保育園のママ友以外の他のお母さん方で気づいている方もいらっしゃいますか？

「多分いますね。保育園の連絡網でＬＩＮＥを教えてるんですけど、トップ画面の自己紹介のところにインスタのＩＤ書いたのをすっかり忘れてたんです。多分気になる人ってこういうの見てる人いると思うんですよ。インスタ始めたのは、基本的にＡＶを引退してからだったんで、特にＡＶ系の宣伝みたいなのはないんですけど。たまにキャバクラのお店に出てるんで、そういう仕事の宣伝だとかをあげちゃってるのを見てるかもしれないですね。いちいち言わないだけで」

――ママ同士でそういう会話になったりすることはないんですね。

「ならなくないですか（笑）。それに、こう見えて結構人見知りなんで、普段全然しゃべらないですから。よく、すごい場違いなところにいる感覚に陥ってることあります（笑）」

――他のＡＶ女優さんのお子さんいらっしゃる方との交流は特にないですか？

「ありますよ、一人二人くらいは。ありますけど、その子たちが公表してなかったりもするので。公表してる子はしてますけどね」

――お子さんを持ってるＡＶ女優さん特有の悩みとかはありますか？

「特有の悩みとかは特にないですね。意外とね、みんな必死なんですよ、目の前のことに。自分がＡＶ女優だったこととか忘れてますね。別にそんなこといちいち考えてないですよ。今目の前にいる子供とか、毎日の生活のことに必死なんで、それどころじゃないです（笑）」

子供にＡＶ女優の仕事を知られることへの抵抗。

「むしろ話しておきたいかな。別に悪いことしてるわけじゃないし」

――四歳ですと、まだお子さんはお母さんのお仕事はわからないですもんね。

「そうですね。まだわからないですね」

――将来的に、お子さんにご自身のお仕事のことを話す機会があると思うんですけど。

「あるでしょうね。でも、話すことに抵抗は全然ないです。個人的には、聞いてくれるなら話したいです。まだ聞きたくないっていう時点で話す気はないですけど。『聞くよ』っていうスタンスでいてくれさえすれば、話します。一方的に『実はお母さんね……』なんて言うつもりはないですけど、聞いてくれるならむしろ話しておきたいかなっていうとこはあるかな。別に悪いことしてるわけじゃないし。今の私をそのまま見てもらえれば、良くも悪くも。それでいっかなぁっていう感じですね。あわよくば尊敬してほしいって思ったりもしますけど。あわよくばね（笑）」

「チャラくなるんだったら金の稼げるチャラ男になれ！」息子の教育方針は、ある種の英才教育!?

――お子さんに将来こうなって欲しいとかありますか？

「私、息子に『チャラくなるんだったら金の稼げるチャラ男になれ！』って、ずっと言ってますね。金のかかるチャラ男になるほど無駄なことはないと思って。金はかかって、責任ばっかり大きくなるじゃないですか。だったら、『金の稼げるチャラ男になれ』って、もうずーっと息子に言い続けてます。ある種、角度を変えた英才教育ですね（笑）」

――名言ですね。ご自身もチャラかったんですか？

「チャラくないと言えば嘘だと思います（笑）。子供の父親も父親でまあまあチャラい感じなんで、子供にもそういうところはありますね。うちの息子、正直目が肥えてると思うんですよ、私の女友達は綺麗な子が多いから。それで、保育園に行っても『可愛い、可愛い』っていろんな子に言うんですよ。『誰が好きなの？』って聞くと、『〇〇ちゃん、△△ちゃん、□□ちゃん』って。『どんだけ？　こいつはもうダメだな』と思ってます（笑）。それはそれでいいんですけどね。もうすでにチャラ男の片鱗があるので、心配になる前に今のうちからちょっとそこに手を打っとこうかなと思って、今から英才教育してます（笑）」

――それで、「金の稼げるチャラ男になれ」という名言が出たわけですね。

「ホント、そればっかり言ってますね。別に『まともになれ』とは思ってないんで。ほっといてまともになればいいですけど。ほっといてまともになるに越したことはないですけど。何がまともかわかってない母親に『まともになれ』って言われても多分聞かないですよ、っていう感覚ですね」

――四歳っていうと、まだまだ大変そうですよね。

「多分、今を乗り越えると楽になるんですよ。小学校に入ると。今もだいぶ言葉でなんでもわかってきたんで、かなり楽になりました。もうちょっと小さい子がいる友達がいるんですけど、過ぎてしまえばね。『この間までうちもこれだったのか、マジきつかったな』と他人《ひと》ごとのように思ってます（笑）」

――息子さんは同級生の中では目立つ感じなんですか？

「そんなことないですよ。私もそうなんですけど、こう見えて性格が結構引っ込み思案なんですよ。すごい性格がぽわぽわしてるので。オラオラって強い感じじゃないですね。すっごいマイペースで、ぽわっぽわ、ぽわっぽわしてますね。大丈夫か心配、ホントに（笑）」

――お子さんのお父さんとは連絡を取られたりはされてるんですか？

「用事があればたまに取ったりはしますけど、そもそもお互いもう恋愛感情ゼロなんで。ほんと、用事がある時ぐらいです」

――お子さんに会いたいとか、会いに来たり、っていうこともないですか？

「それってズルくないですか？　自分ばっかり会いたい時だけ会いに来るとか。会うなら入場料とりたい（笑）」

――結婚願望とかは全然ない感じなんですか？

「いやいや、そんなことないですよ。超お金持ちのイケメンだったら（笑）。全然、チャンスさえあれば（笑）」

子供が生まれてからは、別人のように真面目に。
「遅刻もしないし、電車にも乗れるようになりました」

――お子さん生まれてからなにか変化はありますか？

「それこそ全然別人のように真面目になりましたね。凄いですよ、私。遅刻しかしてこなかったのに、遅刻を一切しなくなった（笑）。子育てしていると自然と規則正しい生活になりますからね。あと子供がいると前もってしておかないと間に合わないことが絶対出てくるじゃないですか、何をするにしても。だから、その癖がついちゃって。

それから、電車に乗れるようになりました。子供抱っこしながら、どこでも。前は、電車も乗れなかったんで。乗り換え案内見ながらですけど、たいがいどこにでも行けるんじゃないかって思い始めたところです。それに、当時は全然言えなかったんですけど、パニック障害があったんですよ。結構突然『ドン！』って音が大きくなったりして、『怖い』ってなっ

ちゃったりしてたんです。それが何回かあった時に、もう電車には乗らなくなったので。今では公表して芸能活動やってる方いますけど。当時はちょっと偏見で見られる気がしてたので。ちょっと精神的に弱いんじゃないかとか、不健康な子だなとか、そう思われるのが嫌で、逆にすっごい明るく振る舞ってたりとかもしてました。だから、緊張すると今でもスゴイよくしゃべるんですけど。それもその後遺症ですね」

――それはいつくらいからなんですか?

「十七歳くらいかな。地元にいた時からなんですけど、その頃からたまにそんな感じがざわざわする時があって。でも、気のせいだと思っていたんですけど。人混みだとか、すっごい大きい建物の前とかに立つと、急に緊張してきちゃうんですよ、多分。どういうことでそれが起きるかわかんないんですけど、電車の中とかで何度かそういうことがあったりして怖くなって、乗れなくなって。それが続いたら、『別にタクシーに乗ればいいじゃん』って発想にたどり着くじゃないですか（笑）。その発想にたどり着いてからはずーっとタクシー乗ってたんで、余計電車からは遠のいてましたね」

――今は電車に乗れるようになったんですね。

「電車に乗ることがだいぶ日常になったから。乗らないとどこも行けないじゃないですか。『タクシーもったいないな』って思うようになったのが、まず大きいかな。当時の私を知ってる人には、電車で行くとそれだけでめっちゃ褒められます。こんなことでこんなに褒めてもらえて得だなって思ってます（笑）」

今やなりたくてもなかなかなれないＡＶ女優という職業。
「しっかりしてる子の方が向いてますね。朝ちゃんと起きて、ご飯を食べる、みたいな」

――今はＡＶ女優になりたくてもなかなかなれないそうですね。

「そうみたいですね。今はホントにかわいい子が多いんですよ。昔はパッケージ写真と違う、詐欺だなんだってワーワー騒ぐような時代もあったけど。今は普通に生身でかわいいですもんね。パッケージ写真よりカワイイみたいなことも結構当たり前にあったりしますもん。ホント、カワイイ」

――今やＡＶ女優は女の子の憧れの職業になりつつありますからね。

「気がつけばフランクですよね、女の子のＡＶ女優に対する目が」

――ＡＶ女優ってお仕事を、皆さんにお勧めしたいですか。やった方がいいよって。

「やった方がいいとは思わないですけど、別にやって悪いこともないって思います。やり方次第ですね。入る事務所さんによってある程度変わってくることもあるんでしょうけど。AV女優ってすべて個人の考えが絡んできて、結局自分次第だと思うんです。仕事に対するモチベーションの持ち方も全部自分自身だし、撮影に関してのテンションの持って行き方も自分自身だし、そこでおうちに帰ってどう普通の自分に戻るかの境目なんかも全部自分の中の生き方で考えて決めていかなきゃいけないと思うんですよ」

――かっこいいですね。

「ちゃんとできてればかっこいいと思いますよ。私はできてないタイプだったから（笑）。だから、今勧めるとしたら、しっかりしてる子の方が向いてると思います。朝ちゃんと起きて、ご飯を食べるみたいな、そういう普通のことが当たり前にできる子の方がよっぽどこのお仕事に向いてると思います。昔は何となく、『何したらいいかわかんない、寝てた』なんて言ってる子の方がAV女優になりがちだったかもしれないけど。今はむしろしっかり将来

の目標を立てて、人生設計があって、ある程度この期間やったらいついつまでに辞めるとか、上手に決めて生きていく子の方がよっぽど向いてるんじゃないかなって思いますね。実際、今はそういう子が多いですしね。だから、そういう考えありきで、目標のためにやるんだったらいいと思いますよ。手っ取り早いし。そりゃもう一〇〇％割り切ってできるんだったら、全然アリだと思いますね」

――AV女優になったことによって、メリットはありましたか？

「ちゃんと現実を受け止めました（笑）。いい時もあれば、悪い時もある。両方ちゃんと見てしまったから。今現役に戻るかって言われたら、戻ろうとかは全然ないですけど。いいこともいっぱいありましたよ。楽しかったですし。撮影とか普通に好きだった。いろんな人と出会えますしね。そういう仕事してたおかげで、毎日何かしらの刺激がいろんな方向から飛んでくるので、今も楽しいですよ。多分普通に生きてたら、あんまりそういうのないんじゃないかな。『刺激が欲しい』ってみんな言うじゃないですか（笑）。『最近退屈やわ』って。そういう意味では、今も何かしら刺激の電波が飛んできてくれる状況にいられているのかな、って感じますね」

お金を貯めて実現したい将来のビジョン。
「ちっちゃいお店をやりたいな。ちょい食い、ちょい飲みくらいの」

——将来の目標とか、ビジョンはどういう風に描かれてるんですか？

「実際に、日々の生活が意外と必死なんですよ。『あの時稼いだお金はどこ行った!?』って(笑)。頼れる家族が近くにはお姉ちゃんしかいないですし。子供が小学校に上がるくらいまでにはもうちょっとお金貯めたいです。それで、ちっちゃいお店やりたいな。ごはん屋さん、プラス飲めるくらいの。ちょい食い、ちょい飲みくらいのお店ですかね」

将来的には自分の職業について息子にも話したいとさらりと話していた板垣さん。
「別に悪いことしてるわけじゃないし」「良くも悪くも今の私を見てもらえれば」と言うあ

ずささんの言葉からは、ＡＶ女優という職業を目的達成のための手段と捉え、「ただそれだけのこと」と割り切る強さと潔さを感じさせられた。

いずれにせよ、近年のＡＶ女優という職業へのイメージが飛躍的に向上していることに比例して、一昔前まではあったと思われる家族への後ろ暗さのようなものは薄れつつあるようだ。

■板垣あずさ（いたがきあずさ）

一九八八年十一月二十三日生まれ。両親と姉、弟の五人家族で、明るいながらもしつけには厳しい家庭に育つ。浜崎あゆみの大ファンでアイドルに憧れ上京、スカウトをきっかけに二〇〇四年にグラビアアイドルデビュー。同年、集英社『週刊ヤングジャンプ』主催の「全国女子高生制服コレクション」にノミネートされる。〇七年にはＡＶデビューし人気を博すも、一〇年に引退。一二年に復帰し、活動再開。二六歳で妊娠し、現在は未婚の母として育児に奮闘中。

Chapter 4

江上しほ

お母さんに褒められたいから。器械体操頑張ったのも、
テレビに出て有名になりたいのも

九州から上京し、二年半の間におそらく二〇〇本程のＡＶに出演したのではないかと語ってくれた江上しほさん。現在はフリーのヨガのインストラクターをしながら、女優としてのメジャーデビューを目標に日々精力的に活動している。母親の勧めで三歳から始めた器械体操では国体やインターハイに出場する程の選手であった江上さん。器械体操を頑張り続けた思いと芸能界のメジャーで活躍したいという思いの原動力は母親へのある思いから来ているという。また近々上京してくる妹に対する思いなども赤裸々に語ってくれた。

デビューのきっかけは「芸能　整形」で検索してヒットしたのが「ＡＶ」だったから。
「でも、あなたは整形顔じゃないからって……」

——まず、デビューのきっかけを伺いたいんですけど、最初はタレントさんを目指して上京されてきたんですよね。

「あ、違うんですよ」

——え、違うんですか？　ウィキペディアの情報が間違ってる？

「はい。ウィキペディアは好き放題書きますよね、やっぱり。でも、芸能界に入りたかったっていうのは当たりです。元々福岡でヨガのインストラクターをしていて、ハンモックヨガとかちょっと変わり種のヨガが東京で受けられるってことで、ヨガの勉強のために東京の友達の家に一週間ぐらい泊まりに行かせてもらったんです。そしたら、その時にスカウトに三人くらい声かけられたんですね、風俗から芸能まで。元々芸能のお仕事に興味があったので、芸能のスカウトの方のお話聞きに行ったんですけど、そしたら何十万かかるからって言われてどうしようと思って。高《た》っけえな、なんで仕事するのにお金を払わないかんのかい、みたいな（笑）。芸能人になるにはやっぱ可愛くなきゃいけないんだって思って、整形したいなって。整形も元々興味があったんです」

——自分で気にされてるところがあったんですか？

「そりゃありますよ。右目と左目と大きさが違うから直したいな、とか。あと頬周りが丸々してるのとか。親にバレない程度に自分の気になるところだけやりたいって思ってて。でも、それもお金がかかるし。それで色々検索してた時に、「芸能　整形」でヒットしたのがＡＶだったんですよ。事務所の方で整形させてくれるって書いてあって。あ、そうなんだ、ＡＶの事務所って無料で整形もできて最高じゃん！　って思って（笑）」

――ＡＶへの抵抗はなかったんですか？

「それが全くなかったんですよ」

――それまでに風俗とかで働いたことがあったとか？

「いえ、それはないですけど。元々そういったことへの抵抗心が全くなくて、だからスカウトされた時にすんなりやってみようかなって。『整形したい』って言ったら、『整形できる事務所なら紹介するから』って言われて」

――整形ありき？

「そうですね、整形したいっていうのがまず第一ですね。で、事務所に入ったんですけど、『あなたは整形顔じゃないから』って。整形してもあんまり変わんないから整形しない方がいいって言われて、結局せずにね。歯だけはセラミックに変えましたけど。高かったー（笑）」

――それ、事務所が出してくれたんですか？

「いや、自分で。結局事務所が出してくれるって嘘じゃん、って思いましたけど。かなり割引はあったみたいですけどね。でも、今もいじりたいなって気持ちはあります。だけどやっぱり面倒くさいかな。維持していくのも大変みたいだし。それになんだかんだ言って怖いんですよね、メス入れるのが」

――リスクもある？

「かなぁ」

近所のお姉さんとの衝撃の思い出。
「それで同級生に『舐めて』って言ったら、めっちゃビビられた（笑）」

――幼少期は長崎で生まれ育ったそうで、当時はどんなお子さんだったんですか？　すごいエピソードを記事で拝見したんですけど、小学校三年生の時に近所のお姉さんになんかちょっと色々教わったとか？

「あ、そう！　これはホントに鮮明に覚えてるんだけど、近所に三つ年上のお姉さんがいて、たまに一緒に遊んだりしてたんですね。そのお姉さんがリカちゃん人形で遊んでる時に、『どうやって子供できるか知ってる？』って。男の子の人形と女の子の人形で『こうやってこうやってするんだよ』って教えてくれて。そしたら、『やってみる？』って言われて、私の股広げて舐められて。すっごくびっくりして、もう衝撃でしたね。でも、それが気持ちよかったっていうのはすごい覚えてるんですよね」

――早熟ですね。

「それで、別の日に家に遊びに来た同級生に、『舐めて』って言って股開いたら、めっちゃビビられて（笑）」

――いやー（笑）。本能のおもむくままにという感じですね。

「そう。ドン引きしている友達に、『なんでよー？』みたいな感じで（笑）」

――子供の頃からそういうことに抵抗がない方だったんですか？

「エロイことに興味津々《しんしん》でしたね。お父さんがベッドの下にエロ本隠してたんですよ。バレないようにこっそり袋とじ開けて見たりとか。そしたら、それを見てるところを妹に見られちゃったんですね」

――で、どうしたんですか？

「で、妹と見せ合いっこしました（笑）。二人で触り合いとかしたんですけど、ビニール手袋つけて。その頃は汚いものだと思ってたんで。すぐ誰かが帰ってきて慌ててやめたっていう思い出がありますね」

――妹さんは年が近いんですか？

「いやいや、六歳下です。だから妹は覚えてないのか、言えないのか、よくわかんないです。

でも、今さら聞けないし。このことはもう妹に覚えていないでいてほしいけど」

往復二時間かけて体操教室に送迎してくれた母親。

「表彰台に立って目立ちたい！　お母さんに褒められたい！　って思ってましたね」

——改めて家族構成を教えていただけますか？

「父親と母親と三つ下の妹、六つ下の妹です。あと近所におばあちゃんが住んでます」

——お父さんは仏壇を作ってらっしゃるとか？

「違いますよ」

——えーっ、ＡＶの作品でそうおっしゃってましたよ。

「それは多分台本です。お父さんは普通のサラリーマンですね。仏壇作ってないです（笑）」

――なんでその設定にしたんだろ？　謎の設定ですね（笑）。

「全然覚えてない（笑）。台本なんだもん」

――あとＡＶの作品の中で、三十万円の仕送りを親からされてるっておっしゃってたんですけど。

「全然されてないし、してもないです」

――それも設定なんですね。仕送りされてない？

「そんな仕送りとか、家賃とか払ってもらったこと一回もないです」

――お嬢様なのかなぁと思ってました。お母さんのお仕事は？

「主婦ですね」

――小さい頃から器械体操をやってらっしゃったそうですね。それはご自身の希望で？

「家の近くに有名な体操教室があって、三歳の頃に母親がそこに入れたのが最初ですね。でも、五歳の時に車で一時間くらい離れたところに引っ越したんです。その時に遠くなるから辞めさせるつもりが、私が『やる！』って言ってきかなかったみたいで。それで続けることになったので、きっかけは親ですけど私の意思で続けた感じですね。お母さんが毎日送り迎えしてくれてました」

――それで国体やインターハイにも出場されてすごいです。抜群の身体能力で、ＡＶの中でも全裸でロンダートから連続バク転を披露されてましたね。

「そんなことないですよ。最初は体も硬かったし、球技とかは全然ダメです」

――それがこんなに実績をあげられたのは、負けず嫌いだったんでしょうかね。アスリートにはきっと必要な要素ですよね。

「まぁ、負けず嫌いですね（笑）。あとはとにかく表彰台に上がりたい。マジ目立ちたい、お母さんに褒められたい、って思ってましたね」

――ご両親もスポーツやられてたんですか？

「そうですね、両親ともスポーツは好きですね。お父さんはとにかくめっちゃ優しくて、お母さんは本当に厳しかったです。私、長女だし、娘にこうあって欲しいみたいなお母さんの願望が強いっていうのかな。でも、その分お母さんも送り迎えちゃんとやるし、みたいな感じで私にも厳しかったけど、その分色々やってくれてましたね」

――そんなお母さんの期待に応えたかった？

「とにかくお母さんに褒められたかった。褒められたくて体操続けてましたね」

――お母さんが厳しいことに対して反発する気持ちはなかったんですか？

「ありましたよ。家出もしました」

――おいくつの時ですか？

「中学校二年生の期末試験の前の日かな。体操の練習が終わって眠たい中、帰りの車の中でお母さんが運転しながら問題出して試験勉強させようとするんですよ。家に着いても問題の続き出されて、私も半分寝てるような感じで。そしたら『明日、期末試験でしょう！』って、怒って卵のパックを私に投げてきて、生卵がびちゃーみたいな。それでもう私も怒って、『なんでそんなことすんの⁉　こんな家出てってあげる！』って漫画みたいに飛び出して、よく小さい頃にかくれんぼしてたマンションの間に隠れてたんです。お母さんが私の名前を大声で呼びながら探してくるんだけど、絶対返事しなくて。次の日の昼くらいまで戻らなかったんですけど、戻ったら警察来てました。誘拐されてるかもしれないからって。おばあちゃんや、お父さんも仕事行かずにみんな家で待機してて。『みんな、ごめん』みたいな。しかも、それで虐待の疑いがあるからって警察にめっちゃ調査されて」

――大事《おおごと》になっちゃったんですね。

「お母さんに泣きながら『ごめんなさい』って言われて。私も『ごめんなさい』じゃないですか、私が寝てたのが悪いわけだし。でも、その日からより優しくなりましたね。元々優しい母なんですよ。その時は試験前だしね。お母さんだって毎日眠たい中送り迎えしてくれてたのに。私もお母さんのこと人間だと思ってなかったんでしょうね、ほんとにね。感謝はしてたけど、感謝が足りなかったんでしょうね」

「もう辞めたー！」
大学も器械体操も勝手に辞めちゃいました

――器械体操は何歳くらいまでやってらっしゃったんですか？

「十九、二十歳までですね」

――そこで辞めたきっかけは何だったんですか？

「高校三年生の時の国体かインターハイだったかの大会前日に練習中にケガしちゃったんです。前十字靭帯をやっちゃったんですね。その時はテーピングで膝をガチガチに固定して出場したけど、膝が曲がらないから最初の平均台に上がるところで落っこちて。めっちゃ恥ずかしかったですね。その後、体操の特待で大学に行きました。私、マックでバイトしてたんですよ、大学時代。やっぱりお金欲しいじゃないですか。お母さんにお小遣い頂戴なんて言えないから、マクドナルドで深夜バイトして。そっから大学に行って、学校で寝ると（笑）」

――大学生らしい（笑）。

「勉強は大っ嫌いです（笑）。で、その学校が終わってから体操の練習に行く生活で結構バタバタバタバタしてたんですけど、体操も大学一年の途中からあんま行かなくなっちゃって。結局ケガが治りきらなくて練習のたびに膝が痛いし、私がいるとみんなの練習の邪魔になるし。大学ってゼミとかあるじゃないですか。だけど、スポーツクラブは大学のことがわかってなくて、『ゼミなんて出なくていいから練習に来なさい』って。授業の単位も取れないし。それで体操も大学も一緒に『もう辞めたー！』みたいな感じで辞めました（笑）」

――そうだったんですね。学部は経済学部だったんですよね。

「そう。経済学部なんですよ。でも、なんにも経済のことわかんない。勉強しとけばよかった、って今はめっちゃ思います」

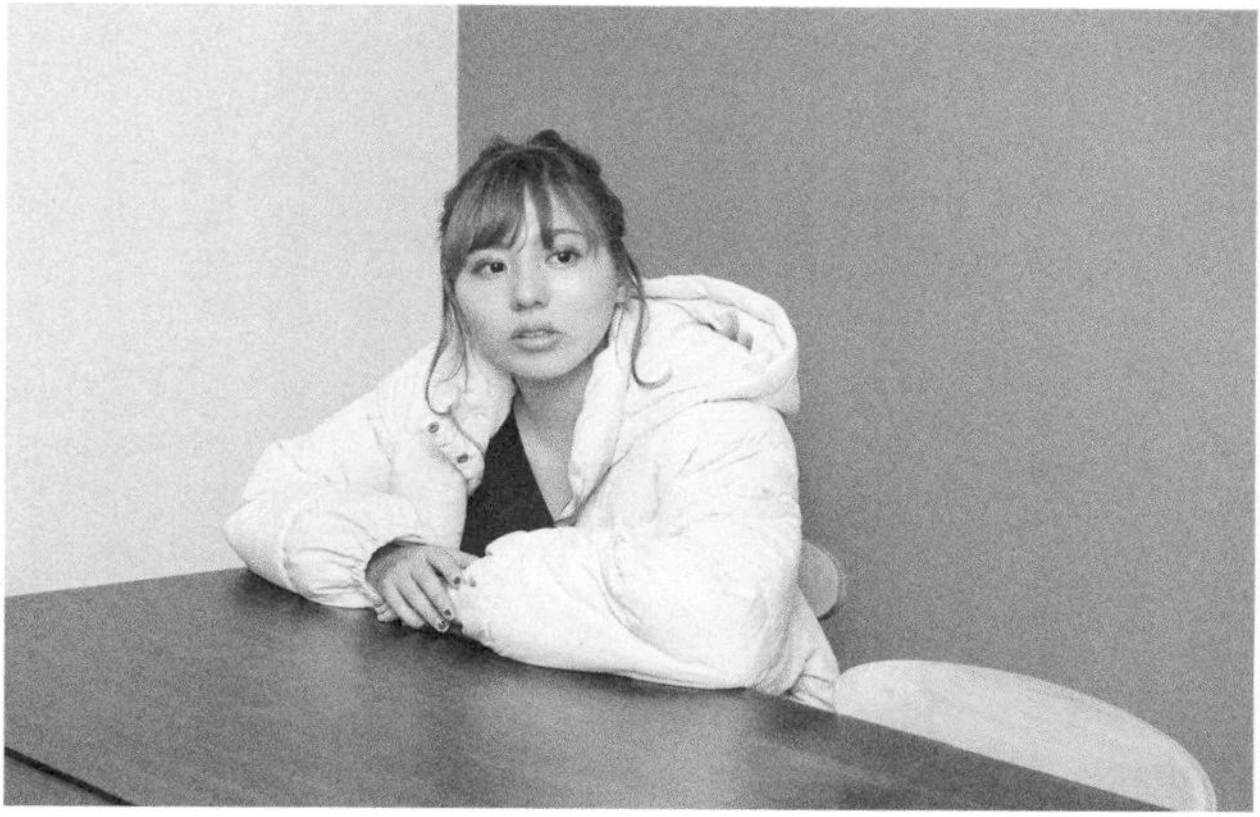

――退学されたことをご両親に内緒にされてたそうで。

「内緒にしてたわけじゃないんですよ。言いづらかったから言わなかっただけで（笑）。最悪ですよね。三歳からずっと一時間送り迎えとかしてくれてるのに。いきなり『大学も体操も辞めたから』ってね。お金もねぇ、教科書代だけでもすごい掛かるのにね。ほんとに申し訳ないって思いますね」

「『今の仕事辞めなさい』って一文が……」
バレないと思ったけど、すぐバレました

――大学退学後はどうされたんですか？

「スポーツクラブでトレーナーを始めました。だけど、色々言われるのが嫌で合わなくて。私多分、人に上から言われるのがすっごい嫌いなんですよ。それに、お母さんからも飲みに行ったりして帰りが遅いこととかをすごい怒られてたんで、もう早く家を出たいし、自由になりたいって思って、勝手に部屋を決めて福岡で一人暮らしを始めました。それで、何をしようかなって思ったんですけど、やっぱり器械体操教えたいなと思って、体操教室に契約社員みたいな形で就職してそこで子供たちの育成をしたり、ヨガを教えたりしてました」

——それで、その後東京に来た時にスカウトされたわけですね。

「そうですね。二〇一五年六月にデビューしました。だいたい三か月前の三月に撮影して。で、すぐバレました」

——どういう風にバレたんですか?

「最初に見つけたのはお父さんでしたね。まず同級生の間でめちゃめちゃ広まったんですよ。同級生のお父さんが私のお父さんの会社の社長だったんでそこからいったのか、ほんとにDMMで見つけたか。で、『今の仕事辞めなさい』って一文が送られてきて。『そんな辞めなさいで辞めるくらいなら、私この仕事してない！』って反論しました。ほんとはバレないと思ってめっちゃ安易に始めたんですけどね」

――バレないと思ってた？

「絶対バレないと思ってましたね。それにAVの履歴があっても芸能界に簡単に行けるって思ってました。『違うんだ!?』って思って。なんか、ね。バレるし。めっちゃバレますよー、みんな（笑）」

――バレるまでに結構早かったですか？

「早いですよ。二、三か月くらいで」

――バレた後、他のご家族はどんな反応でしたか。

「私が辞めないっていうから、お父さんからお母さんに告げ口されて、お母さんから狂ったように電話がかかってきました。でも、お母さんと電話で話してもケンカになるだけだから、ＬＩＮＥでやり取りしようって、文字だけでやりとりしてました。でも私が曲げないので、『妹たちにバレないんだったら、やるんだったら勝手にやっときなさい。ママはもう知らないから』って。その後結局妹たちにもバレて、『辞めなさい』って言われたけど、辞めなかったです」

――妹さんたちにもバレたんですか。

「バレました。同級生も従兄弟もみんな知ってますからね、多分。バレた時はもうほんとに大変でしたけど。でも、下の妹だけは私にすごいなついてたんで、バレた後も一緒にご飯行ったりしてます。私と一緒にご飯行ったらおごってもらえるし、洋服も買ってもらえるし

（笑）」

――じゃあ、妹さんはお姉さんのＡＶデビューを最初に知った時から全然抵抗なく？

「全然。何も言わないし、何も聞いてこなかった。本当はどんな心境だったんだろ。めっちゃいい子なんですよ。私の誕生日に『自慢のお姉ちゃんだよ』ってメッセージ送ってくれたりとか。大好きです」

――上の妹さんはどんな反応でしたか？

「上の妹からは、『お母さんの気持ち考えたことあんの？　これからどうすんの？』とか言われたけど。でも、今は私にご飯ご馳走してもらったりするために東京に来ますけどね（笑）。保険の仕事してるんですけど、『保険入って』って言いに来たりとか。ＡＶ辞めた時には、一緒にハワイ行ったりしましたよ。上の妹も大好きですね」

――じゃあ上の妹さんも、一回は「お母さんの気持ち考えたことあるの？」って言ったけど、それ以降は特に何もなく？

「ないですね」

――おばあちゃんは何かおっしゃってました？

「おばあちゃんは知らないと思います、まだ」

――おばあちゃんはまだ知らない？

「おばあちゃんだけは知らない。みんな、おばあちゃんが聞いたら倒れちゃうと思って、誰も言わない（笑）」

結婚願望は？

「あるけど、できるかな？　子孫は残したいかな」

——引退するまではご両親とお会いされてなかった？

「はい。二年くらい会わなかったですね。引退してから、『最後の撮影終わったよ』で、会いました」

——なるほど。その時はどんな感じだったんですか？　ほっとしてた？

「いやぁ、普通でしたね。『あ、おかえりー』みたいな。仲いいんですよね、今でも。なんの問題もないです」

——じゃあ、ご両親も発覚した時は反対されてたけど、受け入れてくれたんですね。

「私頑固なんで言っても聞かないってわかってるんで。だって、大学も勝手に辞めてきちゃうし。勝手に家見つけてきて福岡に住み始めちゃうし」

——先日、江上さんの舞台を観に行かせていただきましたが、舞台で活躍されてるところをご両親は観に来たりしないですか？

「従姉《いとこ》が観に来てくれました。お母さんも『行きたーい』とか言うんですけど、『東京って遠いなぁ』みたいな。私の親からしたら、東京は海外みたいに遠いみたいですよ」

——結婚願望はあるんですか？

「あります。あるけど、ねぇ、できるかな？　めんどくさーい」

――あるけど、面倒くさい？（笑）

「あるんだよ。あるんだけど、なんか色々申請とかするのも面倒くさいし、まぁ、したくなったらするんじゃないですかねぇ」

――結婚するとしたら、どういったタイプの方がいいですか？

「自分にはない長所を持ってる人が好き、惹かれちゃう。ちゃんと営業できる人とか、人の話聞ける人とか、あとはなんだろうな、人に気を遣える人っていうか、それが自然とできる人が好きです」

――お子さんが欲しいみたいな気持ちはあります？

「子供は欲しいです。でも一人でいいです。二人とかはいらない。子孫は残したいかな」

――男の子、女の子、どっちがいいとかあります？

「えー、どっちがいいだろ。どっちでもいいな。でも、なんかおチンチンとか洗うのめっちゃ洗いすぎちゃいそうだから。うーん、男の子は勝手がわからないから。だから女の子がいいかな。でも、もし子供が大きくなって一重で、『一重がヤダ』って言ったら二重に整形させてあげたいなとは思いますね」

もし妹がAV女優になりたいって言ったら？
「なんのために？」

――AV女優さんになってよかったなってことは何かありますでしょうか？

「うーん、AVやっててよかった……、AVやっててよかった……。まぁ、でも、AVやってなきゃ今の私もいないと思うし。今の経験を積めなかったから、こうやっていろんなことにチャレンジすることはできなかったと思うから、AVやっててよかったって思うし、AV

やってなかったら東京に来てなかったと思うんで。出会いがあったりとか、かな。お金は普通だったんだよな、意外と。そんなに稼いでないと思う」

――そうなんですか？　めちゃくちゃ出てらっしゃったし。

「出たけど」

――トータルで何本ぐらいですか？　三〇〇本はいってますよね？

「わかんない。三〇〇はいってないかな。二〇〇くらいじゃないかな？　単体とかウェブとかもいっぱいあるから。よくわかんない。撮影はいっぱいありましたね。お金には困らなかったです。だけど、みんなが思っている程の稼ぎはないです。でも、当時の私には大金でした。『脱毛代が一括で払える！』って、それがめっちゃ嬉しかったです。でも、その他にもかかるものも多い。イベントします、撮影会します、ってなると衣裳買わなきゃでしょ。水着着たり、コスプレ用意したり、下着買ったりとか。私服撮影とかもあるんですよ。その時にイメージにあった私服買ったりとか。自分持ちの時もいっぱいあったんで」

――今、上の妹さんは保険のセールスされていて、下の妹さんは大学生ですか？

「いや、下の妹は二一歳なんですけど、今仕事辞めて東京に来る準備してます」

――へぇー。一緒に暮らすんですか？

「いや、一緒には暮らしません。自分で何とかしてもらおうとは思ってます。でも、しばらくはうちにいるみたい。帰りのチケットも取ってないみたいで。ほんとに、ねぇー。一人でやってくれって感じだけど（笑）」

――もしその妹さんがＡＶの世界に行きたいってなったら、勧められますか？

「あー、何のためにやるか、ですよね。お金って割り切ってやるのか。売れたい、芸能界に行きたいとかだったら絶対お勧めしない。逆に夢がないこと言っちゃうんですけど、ＡＶって結構労力使う割にお金もそんな良くないし。私はお金稼ぎたい、整形したいっていうのがきっかけでしたけど。その後に、有名になりたいって願望が出てきて、って感じだったから。うーん。芸能界に行きたかったけど、行けないし。お金もそれ程でもないし。だから、妹がしたいって言ったら、何がきっかけで、何がやりたくてやるんだろう、みたいな気になりますね。逆に、別にＡＶ出なくてもいいんじゃないって。じゃあ例えば、風俗で働くために箔《はく》が欲しいからＡＶやるとかだったら、『じゃあ、やったら』って言うかもしれない」

――そういう話よく聞きますね。

「そうそうそう、いますよね。風俗嬢としては付加価値がついて条件が良くなるんで。それだったら勧めるかも。『別にいいんじゃない。そこまで風俗やりたいと思ってるんだったら』みたいな」

メジャーで活躍したいし、セカンドライフの場を作りたい。
「やっぱり親に認めてもらいたいっていうのが一番かな」

――今後やっていきたいことは何ですか？

「地上波に出たいです。レギュラーで出たくて、まずはそれが一番したい。有名になりたいですね。今はオーディション受けまくってます。あとは自分で経営をしたいです。ヨガの教室を作ったりとか、そこでまだ教えたことないとか興味がある子を募集して育成したりとか。『私お金稼ぎたいんだけど』って相談にくる子が結構多いんですよ。だからＡＶ女優とか風俗嬢、東京にいてパパ活みたいなことしかできなくてみたいな女の子たちのセカンドライフ的な、自分でちゃんと頑張れるんだよっていう事業ができたらなって。やっぱり働くところが少なかったり、白い目で見られたりすることもあるから。私もそうだし、そういう居心地よく働けるセカンドライフの道、ほんとに女性が自立して稼げる社会を作っていきたいな。ＡＶ女優とかキャバ嬢とかみんなそうだけど、綺麗にしてる子って多いし、全然女性の見本になると思うんですよ。体も綺麗だったりとか、顔も綺麗だったりとか。だから、そういうことに気を遣いながら生きてきた子だからアドバイスできることもあるし、逆にそういう人に教えてもらいたいって思うお客さんもいるかもしれないし。簡単じゃないけど、私を含め『私には経営なんて無理』って思ってる子が『あ、経営、やってみたい』って思えるような、一生人に頼って生きていくんじゃなくて自分の力で稼げるような人をいっぱい作っていきたいな。こんな偉そうなこと言いながら、まだ全然できてないですけど」

――その気持ちの原動力っていうのはどこから来てるんですか？

「やっぱり親に認められたいっていうのが一番かな。親に自慢に思ってもらいたい。それがあったから体操もずっと頑張れたんだと思う。だから、有名になったら親に認めてもらえるんじゃないかっていうのがあって、今は認めてもらってないって私は思ってるんで。認めてもらいたいから大きくなりたいし、有名になりたいのかなって思います。だから、もっと頑張んなきゃって思います。うん。頑張ります！」

ＡＶ女優時代から感じさせた奔放さ、マイペースさ、自由さは彼女の魅力だ。その一方で、幼少期より器械体操の道で努力を続け結果を出してきたことが証明するように、自分の決めた道に邁進《まいしん》する姿勢に大いに刺激を受けた。その両方があったからこそ、今の柔軟性と実行力を兼ね備えた江上しほという女性ができあがっているのかもしれない。

彼女にとって親の存在は大きなものであり、親に認められたいという気持ちが器械体操を頑張ってきたモチベーションであり、これからの将来像への原動力でもある。平坦ではない道のりも江上さんならきっと鼻歌を歌いながら進んでいけるように思えた。

ぜひ地上波での活躍も拝見したいし、女性が居心地よく自立できるセカンドライフの道も先陣を切って拓いていってほしいと思います。応援しています！

■江上しほ（えがみしほ）

一九九二年三月一日生まれ。両親と妹二人の五人家族。スポーツ好きの親の影響で三歳から器械体操を始め、インターハイに出場するなど頭角を現すも怪我で挫折。身体能力を活かしヨガインストラクターとして働いていたが、スカウトをきっかけに「江上しほ」の芸名で二〇一五年にＡＶデビュー。引退までの約二年の間に二〇〇本以上の作品に出演。現在は改名し、テレビでの活躍を目指してタレント活動に邁進。

Chapter 5

出てこい 中平くん２号

結婚とかは、ＡＶ男優に本気でなろうと思った時に、ちょっと諦めた部分なんです、もうある日、私はツイッター上にあげられていた、とある男性と母親のＬＩＮＥのやり取りを発見した。

一見何ということもない親子のやり取りに見えるが、このツイートの主は、『出てこい中平くん２号』という駆け出しのＡＶ男優さんである。自身の職業のことで迷惑をかけていないか気にする息子に、温かな言葉を返す母親の優しさに思わず目頭が熱くなり、心動かされた。

今回『ＡＶ女優の家族観』をテーマにしているが、『ＡＶ男優の家族観』にも関心を抱き取材のオファーをしたところ快く受けていただけた。

大阪のお笑い芸人から東京でＡＶ男優の道へ。
「『早漏男性募集』というオーディションで勝ち抜きました」

——ＡＶ女優さんに色々お話聞かせていただいてるんですけど、ＡＶ男優さんにインタビューするのは初めてなんですよ。巨匠・カンパニー松尾監督にお話を伺ったことはあるのですが。どういった経緯でＡＶ男優になられたのか教えていただけますか？

「三年前までは大阪でお笑い芸人をやってたんですが、三年前に芸人を辞めて東京に出てきました。何か声の仕事、声優さんとかナレーターの仕事をやりたいなと思って。それで、そういったお仕事のオーディションを受けてたんですけど、全然箸にも棒にもかからなくて、何の仕事もないっていう状態だったんです。仕方なくコールセンターのアルバイトをしながらご飯食べてたんですけど、毎日面白くないなと思いながら過ごしてました。その頃、インターネットで『ＡＶ男優募集』とか『早漏募集』っていうのをちょこちょこ検索かけてたんですね」

――それはどういった理由で？

「ＡＶ男優っていう仕事に興味があったんですね。男だったら一度は憧れるじゃないですか。あと早漏だからＡＶができると思ってたわけではなかったんですけど、でも、『早漏募集っていうのがどっかでないかな』ってずっと待ってる部分があって、ずっと探してたんですよ。そしたら、今からちょうど一年くらい前にソフト・オン・デマンド（ＳＯＤ）さんっていうところの『マジックミラー号』っていうエロ動画を撮るシリーズ企画の中で『早漏男性募集』というのがあったんです。で、それに応募して、早漏オーディションを受けました（笑）」

――早漏オーディション（笑）。

「ＳＯＤさんの本社に呼ばれて行ったら、全国の早漏が20人くらい集められてました」

――全国から選ばれし早漏ですね。

「で、『今から三十分間、自分でオナニーしていかに早漏かというのを見せてください。三十分の間だったら何回発射してもＯＫ、何回発射できるかも見たいので』っていう内容でしたね」

――いち早く射精した人が優勝できるってことですね。

「そうです。この中から実際に作品に出られるのは一人だけです」

――たった一人。非常に狭き門ですね。

「で、『三十分計るんでやってください。用意スタート！』って始まって、二秒くらいで『イクー！』って言って出したんです」

——え？　二秒で？　どうやってやったんですか？

「元々早いっていうのと、オーディション前は三日間くらい我慢してきました。それで、その三十分の間に合計四回発射して、僕がダントツの単独一位でした」

——すごいですね。ギネス記録並みですよね。

「素人としての出演だったんですけど、その企画に出してもらったのがＡＶ男優になるきっかけです」

AV男優の実情。
「ギャラ一万～二万円で、月平均二十本くらいですね」

――大阪でお笑い芸人をされていたんですよね。『出てこい中平くん2号』というのは芸人時代からの芸名ですか？

「そうです。大阪のニュース番組で、『出てこい片平くん2号』っていうCGのキャラクターが出てくる人気の天気予報のコーナーがあって、それが大阪で割と有名なフレーズなんですよ。それでお笑い芸人の先輩がそれをもじって『出てこい中平くん2号』って名前をつけてくれたんです」

――へぇ。AV男優さんになられる時に名前を変えなかったんですか？

「そうですね。AV男優になるにあたって、本名でいこうかとも思ったんですが、その先輩が『出てこい中平くん2号のままでいったら？』って言ってくれたんで。その先輩がいなかったら今の僕はないっていうくらい本当にお世話になった恩人なので、今もその名前を使ってますね」

——AV男優になるって決めた時に、有名になりたいとか、ステップアップっていう発想もあったんですか？

「ありました。『有名になりたい』っていうのが、お笑い芸人やってた時も、声優目指した時もずっとあって、『AV男優という肩書で有名になりたい』という思いもちょっとありました」

——AV男優さんって、AV女優さんに比べたら数は少ないですよね。ライバルが少ない分チャンスですよね。

「チャンスと言えばチャンスかなとは思います」

――その分仕事もたくさんもらえるのかなぁって勝手なイメージあるんですけど、実際どうなんですか？

「いや、でも、そんなこともないですね。やっぱり今は現場数自体が全盛期より少なくなってきてるみたいで。もちろん忙しい人は忙しいと思うんですけど、仕事ない人も結構いらっしゃるみたいです」

――一か月で何回くらい現場に行かれるんですか？

「僕は、平均的に二十前後くらいですね」

――そんなにあるんですか？　一か月に二十日間稼働されてるって結構なペースですね。このお仕事だけで食べていける感じですか？

「食べていけるくらいですね、ギリギリ」

――現場にもよると思うんですけど、ギャラは平均どれくらいもらえるものなんですか？

「新人男優で絡み、セックスをする仕事だとだいたいギャラ二万円っていうのが相場くらいじゃないでしょうか。絡みのないいわゆる汁男優的な仕事の時は一万円から一万五千円くらいですね」

――ＡＶ男優のお仕事ってどうやって入ってくるものなんですか？

「えっと、汁男優的な仕事は手配師さんっていう人がいるんですよ。『汁親』みたいな言い方されてますね」

――汁親？

「汁男優の親玉、みたいな。例えば、『この作品を作るにあたって男優が何人必要です』っていう時に、そういうのを集める人がいるんですよ。その人のところで仲介してもらって仕事をもらう。あとは製作会社さんとか監督さんから直接連絡をもらう場合ですね。それは『直呼び』とか言うんですけど」

――今、ＡＶ女優さんはフリーだとなかなかお仕事が手に入らないって聞いたんですけど、ＡＶ男優さんは違いますか？　事務所に入ってなくても個人的な繋がりでお仕事もらえたりしますか？

「元々事務所がないんですよ、ＡＶ男優って。もしかしたら女性向けのＡＶ男優さんで事務所に入ってる人は何人かいるかもしれないですけど、基本的に男性向けのＡＶ男優っていうのは事務所はないです」

――意外です。そういう事務所がないんですね。

「基本、みんなフリーです」

——ネットで拝見したんですが、今はしみけんさん(注)のお弟子さんなんですよね？

「そんな別に明確な『今日からおまえは弟子だ』みたいなのはないですけど（笑）。初めてしみけんさんに会った時に、お笑い芸人やってたっていう話なんかをしたんですね。そしたら、しみけんさんから『今日家のカーテンをつけるのを手伝ってくれ』って言われて、その日のうちに家に行って、なんかカーテンつけてました（笑）」

——初対面でですか？　ご自宅に？

「そうなんですよ。それ以来すごく良くしてもらってお世話になってます。しみけんさんっていう人に出会って、いろんな話聞いて、『この人みたいに有名なＡＶ男優になりたい』って思いましたね。自分の中で『この仕事で本気でやっていこう』って思わせてくれた方です」

――しみけんさんからお仕事を紹介してもらうようなこともあるんですか？

「しみけんさんの冠《かんむり》企画みたいな、『しみけんの美魔女ナンパ!!』ってシリーズがあるんですね。しみけんさんともう一人男優がいて、美魔女をナンパしてっていう企画ものなんですけど、それは紹介してもらいました。しみけんさんの相棒として」

――相棒として。スゴイいいポジションですね。すごいじゃないですか。

しみけん　ＡＶ男優のトップランナー。内縁の妻は作家・ブロガーのはあちゅう氏。二〇一九年、同氏との間に第一子となる男児が誕生。

「ホントにありがたいです」

——AVの撮影ってだいたい何時間くらいかかるものなんですか？

「それは毎回全然違うんです。六秒で終わる時もあるし」

——六秒？

「『六秒で発射してください』って言われて、それで終わりっていうのもありましたし」

——スゴイですね（笑）。六秒でもギャラは普通に一万円くらいもらえるんですか？

「一万三千円とかでしたね」

——時給換算したらすごいですね（笑）。

「時給換算したら、七八〇万でした」

――さすが（笑）。ネタ化されてる。

「と思えば、ついこの間は十六時間拘束で、午前十一時に行って夜中の三時まで撮影。その時は七絡みやりました。それはさすがに疲れました」

――七回。完全にアスリートですね。

「それはさすがにしんどかったすね、ホントに」

家族への報告。「父、母、弟、みんな同じリアクションでした」

——元々大阪のご出身なんですよね。家族構成を教えていただけますか？

「両親と、三つ下の弟がいます。弟は今も実家に住んでます。両親は四年前に離婚したので、母は今は一人暮らしをしてます」

——どんなご家族ですか？

「普通の家族ですね。うーん、これといって何もないですね。離婚はしてますけど、今は離婚とか普通に多いと思いますし。ホントに愛情をもって優しく育ててもらったっていう感じですね」

——ご両親は、お仕事は何されてるんですか？

「父親は自動車運転教習所の先生ですね。母親は主婦でした、パートやりながら。今はゴルフ場で働いてるって言ってましたね」

——ＡＶ男優になられたことを、ご家族にはどういったタイミングでお話しされたんですか？

「最初に出た時はやっぱり言わなかったんですよ。そうですね、最初の四か月くらいは何も言わずに出てましたね。しみけんさんに出会って本気でこの仕事をやっていく決心したタイミングで、話すって決めました。有名になるってなったら、いずれは家族とか親戚にも知られることだと思ったんで、自分で言っときたいなぁっていう気持ちがあって言いました」

——その時のご家族のリアクションはどうでした？

「それぞれ三人に個別で電話したんですけど、もうみんな見事におんなじリアクションでした。まず『ＡＶ男優やってる』って言ったら、『なんてぇ？』って言って笑ってるんですよ(笑)。三人ともみんなおんなじリアクション」

――へぇー。びっくりするとか、怒るとかでもなく？

「なく。ま、びっくりはしてました。『えーっ!?』って。でも、笑ってました。で、最終的には『頑張れよ』って言ってくれて。でも、親父とお袋でちょっとだけ反応が違ってて。親父は『それは給料大丈夫なのか？　食べていけるんか？』みたいなリアクションで、お袋の方は『給料はいいだろうからねぇ』みたいな。男女の違いですかね」

――なるほど、違いがあるんですねぇ。弟さんのリアクションは？

「弟も笑って、『なんか楽しいことやってんなぁ。好きなことやってんなぁ』って。でも、弟の場合は、兄がＡＶ男優とか汁男優って知られたら、友達とか会社の人になんか言われるかもしれないじゃないですか。それも言ったんですよ、『もしかしたらなんか言われるかも

しれんけど』って。それ言っても笑って『そんなん別に全然ええよ』って。いい家族だなぁって」

――いいですねぇ。すごく温かいご家族ですね。弟さんはもう社会人ですか？

「社会人です。僕の三つ下だから、二八歳ですね。サラリーマンやってますね」

――ご家族に出演された作品を見せたことはあるんですか？

「ないです、ないです。それは、ちょっと恥ずかしいですね」

――「見せたい」とか、「見られたい」とは思わないですか？

「別に見られてもいいですけど、別にわざわざ僕から『これに出た』って言って見せるもんでもないかなとも思うんで（笑）。いつか何かしらの形で見られるのは別にいいんすけど。

親父も見たくないでしょうし」

——でも、息子の活躍だから嬉しいんじゃないですか？

「母親は、『じゃあ、見るわ』みたいなこと言ってました（笑）」

——お母さんが（笑）。割とオープンなご家庭なんですね。

「いや、母親に見られるのはさすがに恥ずかしいですよ。母親の方が見られたくないです。そういえば、十五歳の時に大きい病気にかかって入院したことがあったんですよ。その時にレンタルしてたＡＶの返却期限がきちゃって、代わりに母親に返してもらったことがあります」

——え？　お母さんに返してもらったんですか？　恥ずかしくなかったんですか？

「恥ずかしかったです（笑）。でも、中身ＡＶとは言わなかったですよ」

――まあ、気づくでしょうね（笑）。親にＡＶ返してもらうっていうのは、ものすごい衝撃です。でも、本当にいい親子関係なのが伝わってきます。あのお母さんとのＬＩＮＥのやりとりは感動しました。お母さんから「周りの人にいわれても関係ないし」っていう言葉をもらった時はどんな気持ちでしたか？

「そりゃ嬉しいですよ。普通もっと『何してんだ』って思うじゃないですか。優しいですよね、なんかね。お笑い芸人の時も、最初芸人になったことを言わずにお笑いの舞台出てて、何か月か経った時に言ったんです。そん時も別に何も言わず、『好きなことをやったらいい』って。ずっと応援はしてくれてます、なにやるにしても」

ＡＶ男優という職業への周囲の反応。

「興味を持ってもらえるし、羨ましがられます（笑）」

――周囲の方はどんな反応ですか？　「ＡＶ男優だ」って言ったら、どういうリアクションが多いですか？

「まず興味は持ってくれますね、男女問わず」

――ですよね。最強の肩書ですよね。

「『今までよかった女優さんは？』とか『一番しんどかった現場は？』みたいな、いわゆる定番質問みたいのされます（笑）」

――同級生や友達にも、「ＡＶ男優やってる」って話したりするんですか？

「します。でも、同級生はみんな大阪なんでそんなに頻繁に会う機会がないので。東京に来てる友達には会った時に話しましたね」

――どんなリアクションでした？

「羨ましがられますね（笑）。実は、十年くらい前に同級生と一緒にあるＡＶ女優さんの握手会に行ったんです。それで、その人と共演することがあったんですよ」

――おぉー。夢みたいな話ですね。

「それを言ったら、一緒に握手会に並んでた友達がめちゃくちゃ羨ましがってました（笑）」

――そりゃそうですよね（笑）。

「いや、もう、僕も羨ましい、自分で（笑）」

――自分で自分が羨ましい（笑）。でも、その世界でまさに実際に活躍されてるんだからすごいですよね。

「夢みたいです。あの憧れの中に今入って、ホントこの一年ずっと夢見てる感じです」

田舎の伯父が反対!?

「でも、『いつか女優さんいっぱい連れて遊びに来い』って」

――ツイッター拝見しましたら、伯父様が反対していらっしゃるとか。その辺りのことを詳しく教えていただけますか？

「母に電話した時に、『伯父さんが反対してる、あんまり良く思ってないみたい』って聞いたんですね。九州の田舎にいる伯父なんですけど、僕からしたら母のお姉さんの旦那さん。小さい頃から夏休みは毎年遊びに行ってたんです。そこは女の子三人姉妹で男の子がいないから、僕とか弟がかわいがってもらってたんです。釣りを教えてくれたりして。その伯父さんは、僕が行くたびに『彼女ができたら連れてこい』とか『奥さんができたら連れてこい、子供ができたら連れてこい』みたいなことを毎回言うんですよね」

――実の息子みたいに思って、そういうのを楽しみにしてくれてたんですね。

「田舎で住んでるっていうのもあって、『結婚して子供をもうけて育てるっていうのが男としての一番の幸せ、一番の生きがいだ』みたいなことを言ってたんです。だから、そういう面から反対してるのかなと思って」

――それでどうされたんですか？

「あんまり電話したことなかったんですけど、伯父に電話したんですよ。そしたら、その時は怒ったり反対したりせずに、笑って『いつか女優さんをいっぱい連れて遊びに来い』って言ってくれて」

――へぇ、いい伯父さんですね。

「いい伯父さんです。ホントは嫌かもしれないですけど、直接電話した時にはそういうことは言わなかったです。だから親父とかおかんとかもそういうのかもしれないですね。やっぱり息子がＡＶ男優って誇らしいもんではないじゃないですか。でも直接電話した時には笑って『頑張れよ』とか言ってくれてますね」

――いい家族ですね。登場人物、今のとこ悪い人出てないんですけど、なんか関係性が悪い人とかいないんですか？（笑）　みんないい人じゃないですか。

「そうですね。いないですね（笑）。ありがたいです」

今後の結婚観は？

「ＡＶ男優になる時に諦めました」

――今、彼女さんいらっしゃるんですか？

「今はいないですね」

――大阪時代は？

「大阪の時はいましたけど、東京来てからもうずっといないんで」

――将来、結婚についてはどのようにお考えですか。先程伯父さんが『いつか女優さん連れてこい』って言ってくれたってことでしたけど、そういう気持ちもあるんですか、ＡＶ女優さんと結婚されたいみたいな。

「いや、ないですね。タブーなんですよ、女優さんと男優がプライベートで連絡取るとか」

――そういうもんなんですね。じゃあ結婚されるとしたら、ＡＶ女優さんじゃなく一般の方と？

「いえ。結婚とかは、ＡＶ男優に本気でなろうと思った時に、ちょっと諦めた部分なんです、もう」

――えっ、そうなんですか。子供が欲しいとかないですか？　ＡＶ男優の道の方が優先ですか。

「そうですね。逆に、将来子供ができて、特に女の子だったら、思春期に自分の父親がＡＶ男優だったらショック受けるんじゃないかとか心配しちゃいますね」

――ご両親から、孫を見せてくれっていうリクエストはないんですか。

「いやぁ、あるかもしれないですけど、僕には言わないですね。その辺はもう弟に任せてますね」

――AV男優やAV女優さんってそんなに結婚と遠いものなんですかね？

「やっぱり普通嫌じゃないですか？　相手がよくても相手のご両親が反対するでしょう、自分の娘がAV男優と結婚するってなったら。別にAV男優だから結婚できなくなるということでもないし、結婚してる人もいっぱいいると思うんですけど。でもまぁ、かなり遠ざかるとこではあるかとは思うので、ある程度結婚はもう諦めるくらいの気持ちでAV男優になったっていうのもありますね」

目標は演技力のあるＡＶ男優。
「映画やバラエティにも出たいです」

――今後どうなっていきたいですか、目標はしみけんさんなんだと思いますけど。

「しみけんさんよりも有名になれればいいなと」

――おぉー。そのために何かビジョンはお持ちですか？

「しみけんさんができないことをやりたいなというのがありますね。ツイッターとかでもしみけんさんが書けない僕の立場だからこそのことを書いていきたいです」

――中平さんならではというと？

「僕の場合、仕事の内容としてドラマものみたいなものが多いんですよ。何かしらの設定があって、例えば先生と生徒とか。そういうポジションにちょっと特化できればいいなと」

——演技でってことですね。演技力が問われるお仕事ですよね。

「そうですね。ＡＶも演技力あった方が見る方もいいと思うんですよ。ま、あんまりドラマシーンなんか見ないことが多いと思うんですよ、ユーザーさんは。でも、設定とかわからせるために演技力はあった方がいいですよね」

——そうですよね。

「映画とかドラマのエロシーンって、なんか興奮するじゃないですか。あれって多分演技力があるからですよね。『冷たい熱帯魚』のエロいシーンってめちゃくちゃエロいじゃないですか。あれはＡＶよりもエロいって思いますね」

——確かにリアリティありましたもんね。あと殺人シーンとエロっていう組み合わせがまたエロいのかもしれないですね。例えば、エログロみたいな、エロホラーとかの分野にいかれたらどうですか？

「園子温さんの作品に出たい、なんてそんなおこがましいこと言えないですね（笑）」

――ＡＶ以外の映画にも出たいな、みたいな欲あるんですか？

「仕事があれば出たいです。映画も出たいですし、バラエティも出られるなら出たいですし」

――ご家族にも見ていただきたいですよね。正月に大阪に帰られたりするんですか？

「ＡＶ男優になったって言ってからはまだ一回も帰ってないんですよ。でも、今度のお盆には帰ろうかな」

現在三二歳の出てこい中平くん2号さん。ツイッターからもそのお人柄は垣間見えていたが、第一印象の通り、清潔感のある礼儀正しい好青年だった。

将来の家族観については慎重な意見を語ってくれたが、それもまた時代の変化と共に変わっていくのかもしれない。

「生まれ変わってもまたＡＶ男優になりたいって思います」

最後にそう力強く語ってくれた出てこい中平くん2号さん。彼にとってＡＶ男優という職業は、まさに天職といえるのかもしれない。温かい家族に見守られ、応援され、これからもＡＶ男優として、そしてさらに幅広く活躍していくのが楽しみだ。

■出てこい中平くん2号

一九八七年九月二日生まれ。父、母、弟の四人家族で、関西の明るい家庭で生まれ育つ。お笑い芸人を目指し、関西の某天気予報番組の人気キャラクターにあやかった「出てこい中平くん2号」という芸名で活動。その後、声優を目指し上京。二〇一八年ＡＶメーカーの「早漏男性募集」企画をきっかけに、興味のあったＡＶ男優の道へ。

Chapter 6

当真 ゆき
つむき

反抗期の娘と売り言葉に買い言葉。
「そんな仕事って言うなら、やってみろ！」
「じゃあ、ママと一緒の仕事する」って

高校在学中に妊娠し結婚をするも、わずか出産二か月後にＤＶが原因で離婚。一人で娘を育てていくために上京しＡＶ女優になったという当真ゆきさん。ＡＶ女優と風俗嬢の仕事を掛け持ちしながら一人娘を育て上げた。現在二十歳になった娘さんや実家のご両親との関係性、当時の経緯や心境など半生を伺った。

デキ婚からＤＶ離婚でシングルマザーに。娘を育てるためにＡＶ女優の道へ

——当真さんは娘さんがいらっしゃるシングルマザーということですが、シングルマザーになった経緯を教えていただけますか。

「高校三年生の在学中に妊娠して、一度デキ婚したんですよ。相手は二歳年上の鉄筋作業員をやってる人で。一応高校卒業して、卒業した年の十一月に娘を産みました。で、出産二か月後くらいに即離婚しました」

――出産二か月で？　スピード離婚ですね。

「旦那さんのＤＶが原因で。それで一人でこの子を育てないといけないぞってことになって。私、プロフィール上は東京出身になってるんですけど、実家は新潟なんですね。一人で子供を育てていくのに田舎なのでお金を稼げるようなところがない。これはまずいぞと思って、東京に行くって決意をしました。何のあてもなく交通費の現金二万円だけで出てきたんですよ。行けば何とかなる気がして」

――ドラマみたいですね。お子さんはどうされたんですか？

「母親に『東京は稼げるかもしれないけどお金もかかるとこだから、一旦子供を置いてって、生活がまとまったら迎えに来て欲しい』って言われて、子供は新潟に置いて一人で上京しました」

――でも、何のあてもなかったんですよね？

「エロ本の裏なんかによくＡＶの求人とか載ってますよね。新潟にいる頃にそれを見て知ってたので、上京してすぐ都内のＡＶ事務所さんに面接に行きました」

――いきなりＡＶの事務所に？　抵抗はなかったですか？

「高校生ぐらいの時はいわゆる完全ヤリマンだったので（笑）。なんていうんですか、エロに対する特別感みたいなものがなかったんです。セックスは好きな人とだけするものなんだ、みたいなそういう特別感がなかったのでなんの抵抗もなく。『なんかスゴイお金になりそうじゃん』みたいな（笑）。広告に書いてある金額もすごいし、みたいな（笑）」

――そういう感じだったんですね。

「ちょっとドキドキはしましたけど。『とりあえず、聞くだけ聞いてみよう』っていう気持

ちで面接に行ったら、『今日ちょうど女優さんが来るから、話聞いたらどう？』って言われて、その女優さんと一緒にカフェに行ってお話を聞かせてもらったんですが、もう私衝撃過ぎて……」

——衝撃といいますと？

「その女優さんが『いろんな仕事があるし色々大変だけど、まぁ私も最初はちょっとびっくりしたけど案外食べてみたらおいしいのよ』って言うから何の話だろうと思って、『何がですか？』って聞いたら、スカトロの話だったんですよ。『いや、ちょっと待って、ＡＶ女優ってそんなこともしなきゃいけないの？』って怖くなって。ＡＶ女優になるつもりで行ったんですけど、一回話を終わりにして逃げ帰りました（笑）。『ヤバいヤバいヤバい。絶対私食べられない』と思って」

――初めてきた子にスカトロジーな話をするって、なかなか……。

「ですよね（笑）。逃げるように帰って、『どうしよう。でも出てきちゃったし、お金ないし』っていうのでその日は漫画喫茶に泊まって、翌日歌舞伎町の箱ヘル（注）さんに面接に行きました。事情を話して、お金も家もないから店泊をさせて欲しいって言って、そこで働き始めました。それで働き始めて一週間後くらいに歌舞伎町でサラリーマン風のきちんとしたスーツの男性に声かけられたんですね。道を聞きたいのかなと思って立ち止まったら、それがAV女優のスカウトマンさんだったんです」

親にも全部話しました。
「親に言えない仕事はしないって思ってたので」

――では、そのスカウトがきっかけで今の事務所に入られたわけですね。

「それで、最初は『着エロ』ってジャンルのグラビアからやらせてもらいました。あとは総合格闘技のラウンドガールとか。それからＡＶデビューしました。で、私は自分的にですけど、あんまり親に恥じる仕事はしたくないっていうのが根本にあって、親に言えない仕事はしないって思ってたんで親にも全部話しましたね」

――どのタイミングで親御さんにお話しされたんですか？

「グラビアはすぐ言いました。言いやすかったんで。でも、さすがにＡＶはすぐには言えなくて。撮影が終わってパブも大々的にしてたんで、出る前に言わなきゃと思って親に話しましたね」

箱ヘル　店舗型ヘルスの性風俗店。デリバリー型派遣の「デリヘル」に対し、店舗のことを「箱」と表現して「箱ヘル」と呼ばれる。

——反対されるとは思いませんでした？

「反対されたくなかったので、『周りの人の誰が批判しても、両親だけにはちゃんとわかってほしいし、自分がすることを理解してほしい』って言って親が『ＮＯ』といえない状況を作ってから、『ＡＶデビューします』宣言しました（笑）」

——策略家ですね。それを聞いたご両親のリアクションはどんな感じだったんですか？

「理解があると言ったらおかしいんですけど、母親は『まぁ、そういう仕事をしてる人もいっぱいいるし、あんたがどんだけできるかもわかんないし。長くは続けられる仕事じゃないとは思うけど、やろうって決めたんだったらやるだけやってみたら』って。でも、兄が二人いるんですけど、兄にはなかなか言えなかったです。『これはそろそろ言わないとまずいな』ってなってから言ったんですけど、下の兄は大反対で一時期はもう空気感がめっちゃ悪くなってましたね。下の兄は真面目で田舎の人間なんで、『うちの恥だ』みたいになっちゃって。上の兄はたまたまお嫁さんのご実家がレンタルビデオ屋さんで、『時々棚卸しを手伝ってたから、知ってたけどね』って言われました（笑）」

難病の父が元気だったらこの仕事してなかったかも……。
「母親のことはめっちゃ尊敬してます」

――お父さんは、当真さんがＡＶ女優になったよって言った時、どういうご反応だったんですか？

「何も言いませんでした。でも、多分父親が元気だったら絶対にこの業界には入れてないと思います。うちの父親はＡＬＳ（筋萎縮性側索硬化症）っていう難病なんですね。元々は新潟の着物の会社で働いていて、そこで母親と出会って結婚したらしいです。母親は着物の染め付けの仕事をしてましたね。私が三歳の時に父が発病して、自宅で介護してる時も内職みたいな感じで、家でよく色を付けてるお母さんの横にいた覚えはあります。物心ついた時には父はもう病気だったので、歩行器でヨタヨタ歩くお父さんとかの記憶しかないですね。ずっと病院に入院してて、人工呼吸器をつけてるので普通に会話できないんです。一応母親と

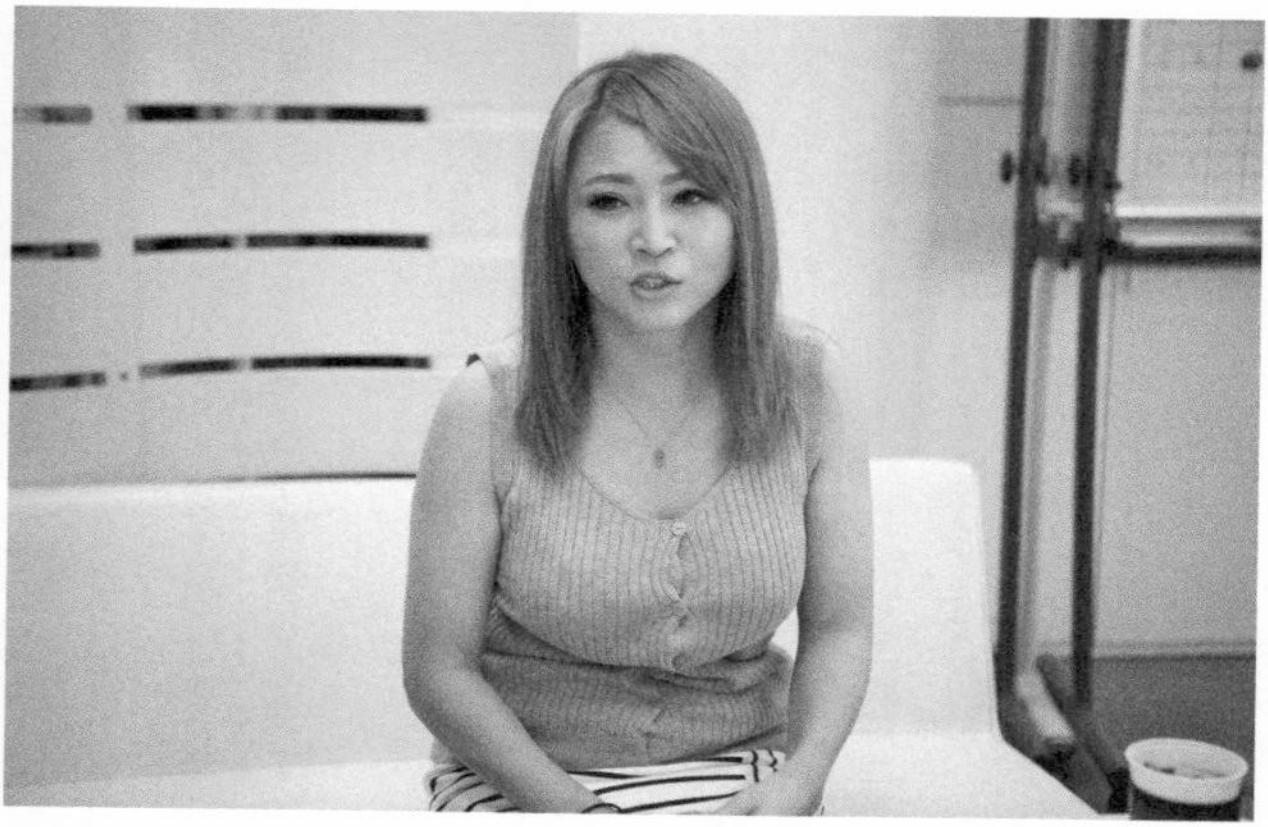

は文字盤を使って簡単な会話はするんですけど。でも、すべての決定権はお父さんにありましたね、そうなってても。母親に何かを言っても、『じゃあ次のお休みにお父さんのところに行って、お父さんがいいって言ったらいいよ』って言われるんですね。なので、そんなずっと寝たきりのお父さんなんですけど、兄妹全員父親のことを一番偉いというか、尊敬する感じでした、母親がそうしてたんで。なので、ＡＶ女優になる時も父親の病院にも行って報告しましたよ。だけど、何も言われませんでした。自分が何の力にもなれないし、『こうしてやれ』って母親に言うこともできないし、多分もどかしい何かはあったと思うんですけど、黙ってましたね。でも、父親が元気だったら、ＡＶ女優になることも妊娠した時に産むことも許してもらえてなかったと思います。

なので、父親が病気になってなかったら違う人生を歩んでたんだろうなとは思います。本当は父親も色々言いたいことがあっただろうと思うけど、自分が何もしてやれないもどかしさもあって、私がこうするって決めたことをのんだ感じだと思います」

――それで、お母さんは「お父さんが何も言わないんだったらいいよ。やるだけやってみたら？」っていう感じだったんですか？

「母親は多分、父親の病気のこととか一家を養《やしな》っていかなきゃならないとか色々ありすぎて、私がＡＶ女優になるくらいのその程度のことじゃ何もビビらないというか。めっちゃ強いです（笑）。だから、母親のことはめっちゃ尊敬してます。うん」

幼いながらも母親に聞いたんです。
「うちはなんで離婚しないの？」って

「父親は入退院を繰り返していたので、当時は保育園に迎えに来た母親に連れられて父親の病院に一緒に行くっていうのが日課でしたね。その病院には父親と同じような病気の人がたくさん入ってくるんですけど、まずそこの病院の先生は離婚を勧めるんですよ」

——どうしてですか？

「もう治らない病気だから。うちの母親も後々聞いたら、勧められたらしいです。『まだ若いし、お子さんもこれだけいて、まだこれから先の人生も長いから』って。この病気の人は人工呼吸器つける状態になったら余命五年から八年と言われてたんですね。幼いながらに、周りの病室の人が離婚届を持ってくるのを私見てたんですよ。だから、ある時母親に、『なんでうちは離婚しないの？』って聞いたことがあったんですよ。離婚っていうものが大変なことだと思ってなかったのもあって、『みんなしてるのに、その病気になったらするんじゃないの？』みたいな感じで」

——お母さんはなんてお答えになったんですか？

「それが、その時母親がなんて答えたか覚えてないんです。でも、その後もずっと父親といたのでもちろん離婚はしなかったわけですけど。父親の病状が悪化してきた時に、『人工呼吸器つけますか？　つけませんか？　つけたところで五年から八年ですよ』って医者に言われて、逆に母親は『じゃあ、五年、八年なら私が頑張ろう』って思ったらしいんですよ」

「いい子でいなきゃいけない」
高校生になって爆発した、たった一日の反抗期

「小学生になってからは、女の子一人なので母親に料理教わって、私が夕飯を作ってましたね。『お父さんのとこ行くから、今日これを作る材料がここにあるから、これで作ってみんなで食べてね』って言われて」

――小学生で。やっぱりお母さんが大変なのを見て育ってるから、いい子に育つんですね。

「本当は嫌でしたよ。まだみんな遊んでるのに、私は『家族のごはんを作るからもう帰る

ね』って。もっと遊びたいって。でも、母親の友達とか周りの人が刷り込むように、『よかったね、女の子がいてよかったね。いい子でよかったねぇ』ってちっちゃいながらにずっと聞かされて育ったので、『私はいい子でいなきゃいけないんだ』って思ってたので」

――反抗はしなかったんですか？

「爆発的に反抗したのが、高校生の時。でも、たった一日だったんですよ。それまで勉強もできていい子でいたのが、高校に入ってアルバイトして初めて自分で稼いだお金で親に頼まずに遊べるってなったら、急に髪の毛染めたり、夜遊びしたり、外泊したり。その時に、母親に『どうしちゃったの？　あんたあんなにいい子だったのに』って言われた一言で、プッチーン！　ってなって、『いい子なわけじゃない！』って。『そうやってずっとちっちゃい頃から聞かされて、いい子でいなきゃいけないって思ってただけなんだよ！』って爆発して言った時に母親が泣いたのを初めて見て、もうやめました。それまで何があっても母親が自分の目の前で泣いてるのを見たことがなかったんで」

——強いお母さんが自分の言葉で泣いたのを見て。

「そう。それで、『ダメだ、ダメだ。こういうことを言っちゃいけないんだ』と思って。まぁ、その後も遊んではいましたけど。暴言を吐くことはやめました」

——お母さんの涙、いろんな感情が含まれてますよね。

「『私がずっと我慢させてたんだ』っていうのを母親もそこでふっと気づいたみたいで。あんなちっちゃいのにずっと我慢させてたんだ、っていうので泣いたみたいです」

病気の父や一家を支えた母を見て育ったので
子供一人育てるくらいで弱音を吐いてる場合じゃない

「父は一昨年亡くなったんですけど、人工呼吸器をつけるようになってから二九年間生きましたね」

――三十年近くも長生きされたんですね。

「そうそうそう（笑）。母親も今は笑いながら言ってますよ、『五年から八年っていう約束が（笑）』って。父もちゃんと孫の顔も見て逝《い》ったので、幸せだったと思いますよ。病気っていうものになったことは不幸だったかもしれないけど、母親が奥さんでよかったねって思います、父親には」

――確かに。でも、お母さんは実際大変でしたよね。お仕事しながら看病して、三人の子供も育てて。

「生活保護も受けずに私たちを育ててくれて、本当に母親を尊敬してます。周りの人たちには『生活保護を受けなさいよ』って言われたらしいんですけど、生活保護を受けると色々規制があるんですね。そうすると、例えば私たちが大きくなった時に部屋にテレビが置きたいとか、あれが欲しいって言っても全部規制されてそういうのができないだろうから、『最悪のところまで行ったら受けるかもしれないけど、今はまだ受けない』って言って、結局最後まで受けずに頑張ってくれたんです。だから、自分が一人で子供を育てるってなった時も、子供を一人育てるくらいで弱音吐けないな、って思いましたね」

――シングルマザーとして娘さんとの生活はどうだったのですか。

「仕事は箱ヘルとＡＶ女優とを掛け持ちしていたので、割とすぐにお金が稼げるようになって、箱ヘルの店泊《てんぱく》からウィークリーマンションを借りられるようになって、それがマンスリーマンションになり、アパートも借りられるようになったので、生活が落ち着いたところで娘を引き取りました。こういった仕事なので夜間も預かってもらえるところじゃないとダメなので、二四時間体制の保育園を利用しながら育てました」

再婚するも、無職の超束縛夫に。
「どうしてもダメ男に育てちゃうんです（笑）」

「娘が小学校に上がった頃かな、当時働いていたデリヘルの店長とお付き合いすることになって、三年程お付き合いした後、結婚しました。デリヘルのお店もＡＶも全部辞めて、主婦になりました。その時に、昔は美容師になりたいっていう夢があったので、やっぱり美容関係のお仕事をしたいと思ってネイルの学校に通って、その後ネイルサロンで働いてました」

——新しいお父さんができて娘さんの反応はどうだったんですか？

「喜んでたと思います。向こうもバツイチだったんで、子供の扱いが上手というか、子供に好かれるためには自分がどうしたらいいかっていうのがわかってたんで、多分娘からの印象はよかったと思います」

——よかったですね。

「それがよくないんですよ。気がついたらお店閉めて、仕事辞めてました」

——えっ、それはどうして？

「私とずっと一緒にいるためです。なぜか物凄い束縛男になってしまって。ネイルサロンで働いている時も、同僚もお客も女の子しかいないのに、『そのネイルの子と終わったらご飯食べて帰るね』っていうのもダメで。私の仕事のシフトの時間を全部チェックして、仕事が終わってネイルサロン出たら店の前にいる、みたいな」

——心配で心配でしょうがない、みたいな？

「そうです、そうです。でも、付き合ってる当初にその雰囲気はなかったんです。自由だったんです。いろんなことが自由だし、色々やってくれるし、『よし、いい人見つけた！』と思って結婚したら、変わっちゃったんですよね。働いてくれないんでネイルサロンとキャバクラを掛け持ちしました。彼はお付きの人みたいにずっと私について回って、仕事の送迎とかしてましたね。そんなことするヒマあったら働いてくれ、みたいな。そのことで揉めに揉めたんですけど、娘には言い争ってる姿を見せたくなくて。記憶に残るじゃないですか。言いたいことがあっても娘が起きてる間は我慢して寝静まってからケンカしてましたね。結局二年で離婚しました」

「これ、ママだよね？」
小六の娘にＡＶ女優の仕事がバレた!?

——娘さんに、お母さんは実はＡＶ女優なんだって発覚したのはいつだったんですか？

「小学校六年生くらいの時だったと思います。ある日突然、私のＬＩＮＥに娘から『これ、ママだよね？』って私のＡＶの写真が送られてきて。『なぜバレた!?』って、あの時はめっちゃ焦りましたね」

――実際どうしてバレちゃったんですか？

「当時娘が女子のサッカークラブに入ってて、Ｊリーグのある選手のファンになったんですね。で、その選手がたまたま『当真』っていう名前で、ネットで検索した時に私の画像が出てきたらしく……。『これはもう話さないとダメだな。でもちゃんと話せばわかるかな』と思って、その日家に帰ってから話しました。こういった経緯で、あなたを育てるためにずっとそういうお仕事をして頑張ってるんだよ、っていう話をしたら、『お母さん、汚い！』みたいな感じもなく、『ありがとう。そんな思いをして育ててくれたんだね』って言われました」

――できた娘さんですよね。多感な年頃なのに。

「子供なんだけどしっかりして大人びたところもあったし、逆に幼いから素直に受け入れられたのかなっていうところもあって。そういえば、中学生の娘が一人で夏休みに実家に遊びに行った時の話なんですけど、私を守ってくれたらしいんです。下の兄一家が実家に入って住んでたんですけど、兄は私の仕事のことを怒っているので関係がギクシャクしていて、私は実家に帰れない状況だったんですね。それを見かねた娘が『おじさんって古いよね』って。『テレビに出てる女優さんやアイドルと脱いでるか脱いでないかの違いだけで、ママにはファンがいるんだよ。ママって、すごくない？』って。そしたら反対してたお兄ちゃんも、こんな子供に言われてしまったっていうので私に対する考えがちょっと緩くなって、私も実家に帰れるようになりました。実家の母親が私に電話してきて教えてくれて、そこから『あんたのこと、守ってたよ』って。その後も私の仕事については兄も私もお互い触れないですけど、良好な関係にはなりましたね」

高校生でやってきた娘の反抗期。「そんな仕事って言うなら、やってみろ！」

「娘は反抗期もずっとなかったんです。だけど、高校生の時に突然爆発的に来ちゃって、その時はほんと大変でした。高校に行かなくなっちゃったので、『高校くらいは卒業した方がいい』って一生懸命話してたんですけど、『ママなんて高校卒業したって、そんな仕事してんじゃん』って言われて。一時期親子関係めっちゃくちゃになってましたね。『そんな仕事って、簡単な仕事って思うなら、今すぐ高校辞めてママみたいな仕事をしてみろ！』って話になって」

――「売り言葉に買い言葉」になってしまったんですね。

「うち結構私が実践派タイプなんで。で、娘が『じゃあ、ママと一緒の仕事する』って言って、高校を辞めて風俗に入ったんです」

――えぇっ!?

「でも、いきなり風俗っていうのはちょっと抵抗があったのか、リフレ(注)で働き始めたんですね。そこに入って一か月くらいしたある日、ＬＩＮＥが届いて。『高校も卒業しないでごめんなさい』って。『どんだけ大変な仕事をして自分を育ててくれたかわかりました』っていう内容の長いＬＩＮＥが来て、その時は私もうめっちゃ号泣しちゃいましたね。今でも思い出すとウルウル来ちゃうんですけど。それで、やっとわかってもらえて、親子関係も修復して、今は仲良しです。娘は今は二十歳になって新橋のいちゃキャバで働いてるんですけど、色々仕事の悩みや相談を聞いたり、売り上げあがると『今月頑張ったよ』って連絡がきたりとか、そんな感じですね」

——娘さんに仕事のアドバイスをされたりすることもあるんですか？

「あります、あります。あと、私のところに来るお客さんで話しやすい人とかに『新橋のいちゃキャバで娘が働いてるんだよね』って紹介して、お客さん回したりとか（笑）」

——母親が娘に風俗のお客さん回すって新しいですね（笑）。母娘二代でお世話されたんですね。

「そのくらいざっくばらんな関係ですね。親として、人として怒んなきゃいけない時は急に親になりますけど、そうじゃない時はほんとフラットですね。私と実家の母親がそうなんですよ、めちゃフラットなんで。娘もそれを見てるんで、こういう感じでいいんだみたいな風

リフレ　若い女性が男性客にマッサージ・添い寝などをするサービス業の一種。女子高生に過剰な性サービスをさせる「ＪＫリフレ」など社会問題にもなった。

に多分思ってて」

――当真さんと一緒だと悩みが些細なことに思えてきそうですね。ご自身の悩みはありますか?

「ありますよぉ。実は、今一番の悩みは、子供と一緒くらいの年代のお客さんが来ると物凄く仕事がやりづらいんです。子供の彼氏でもおかしくないと思ったら犯罪を犯してる気分になって、なんかもう『はぁ、どうしよう』ってなって(笑)。で、『また来ます』とか言われると、気まずくなって子供のところに送り込む(笑)。『うちの子供と同じ年くらいだから、そっちに行ったら?』って」

――確かに。年齢的に全然ありえますもんね。

「そうなんですよぉ。しかも今の子たちは年上好きなんで、二十代前半とか十九ですとかいう子が来たりするんですよ。『なんで若い子のとこに行かないの?』って色々説教してます」

――説教（笑）。むしろそれがいいんじゃないですか？

「で、だいたい『お母さんみたい』って言われるんですよ（笑）」

――人気の秘訣かもしれないですね。「娘さんと似てる」って言われたりしますか？

「輪郭とか体型はそっくりな気がするけど、どうでしょう。顔立ちは違うかな。娘は最近の子っぽいというか。ちょっとアイドルに憧れてたりしますけど、でも派手な感じの子ではないですね」

――親子物のAVって今めちゃくちゃ人気あるじゃないですか。娘さんはAV女優さんになる予定はないですか？　親子共演とか。

「多分ないです（笑）。本人がやりたいってなれば親子共演もアリかなって思うんですけど

左がつむぎさん（20）。現在は横浜のいちゃキャバ『アンジュ』勤務

（笑）。今のところその感じはなさそうですね。今は王道を行きたいみたいですよ、ちゃんとしたOLさんみたいな。それにはやっぱり大学出た方がいいからって言って、高卒認定試験の書類とか取り寄せたりしてるみたいです」

――当真さんご自身は将来の展望は？

「お酒が物凄く大好きなんで、最後はちょっと寂れた感じのスナックのママやりたいな。場末で常連さんばっかり来るようなしっぽりしたところで」

難病の父親、経済的にも精神的にも父と家族を守り支えた母親。できちゃった結婚からＤＶ離婚、風俗嬢をしながらＡＶ女優へと、壮絶な人生を歩んできた当真さんですが、目の前で明るくざっくばらんに話してくれる彼女からは生きるたくましさを感じた。

ずっと仲良しの友達親子で、一度の大きな反抗期を乗り越え、今はまた良好な関係だという娘さんに興味を抱き取材をお願いしたところ、快く引き受けていただけ、後日再度のインタビューを試みた。

――今日はわざわざありがとうございます。お母さんに似てらっしゃいますね！

「そうですか？　つむぎです。よろしくお願いします」

――普段どういうお仕事をしてらっしゃるんですか。

「新橋の『放課後は課外授業』っていういちゃキャバのお店で働いてます（筆者注：取材当

時）。いちゃキャバっていうのは、セクキャバとキャバクラの中間のお仕事なんですけど、内容としては、えーと、軽いキスと服の上からの上半身のお触りがあるキャバクラって感じです。高校生みたいな制服を着てます。放課後の課外授業なんで（笑）」

——軽いお触りってどの程度なんですか？

「あ、でも、服の上からだったら、んー、割と何でも。揉みしだく人もいるし、ソフトに触れてくる人もいるし」

どういうきっかけでそのお店で働き始めたんですか？

「元々はリフレやってたんですけど、あわなくて。リフレはルールに則ってやってる方が損をする世界なんですね。やっていいことと悪いことが法律上定められてるんですけど、やっちゃいけないよっていうことを『自分のお小遣いになるからやっちゃう』みたいな子が多くて、お客様はそういうサービスしてくれる子の方にいっちゃうじゃないですか。私はそれができなくてお客様がつかないから『あまりリフレ稼げないな』と思って。キャバクラにシフトチェンジしようと思って『キャバイト』っていうキャバクラの求人サイトを見てた時に、いちゃキャバっていうものがあるのを知って、『このくらいだったらできそうだな』みたいな。それにいちゃキャバの方があんまりおしゃべりとかも必要なさそうだし。トークにはあんまり自信がなかったんで、いちゃキャバにしました」

母親の仕事を知った時？

「あんまりいいものとは思わなかったですね」

——つむぎさんが子供の頃に、お母さんが風俗嬢さんをやってらっしゃったじゃないですか。そのことを何となくわかってたんですか？

「その時は、キャバクラだと思ってたと思います。キャバクラ嬢っていう職業に偏見とかなかったんで、普通に『うん』って感じでした。普通でした」

――ＡＶ女優さんだと気づいたきっかけっていうのは何かあったんですか？

「小学生の時、サッカー選手の当真っていうのを検索した時に『当真ゆき』っていうのが出てきて。『ママに似てるなぁ』くらいで、はっきり『ママがＡＶ女優だ』って確信したのは、たまたま電話台の引き出しにママの作品のＤＶＤが入ってるのを見つけたんです。で、『ネットで見たやつ、やっぱママじゃん』ってなって」

――その時の感想は？

「なんだろなぁ。ま、あんまりいい物とは思わなかったですね。うーん。でも、だからって、っていうのもあったし。とりあえずママにＬＩＮＥで画像送って『これ、ママだよね？』って確認したんです。もしママが否定してきたらケンカかなと思ったんですけど、あっさり『そうだよ』みたいな感じだったから（笑）」

――そのことについて同級生などにはお話ししたんですか？

「話してないですね。うちのママは周りに比べて若いんで、ただでさえもう見た目で目立つ人なんです。もし同級生に話してみんなのお母さんたちに伝わって、授業参観とか来られた時に変に噂されてもやだしなぁと思って、ひた隠しにしてましたね」

割と周りからも「おかしいよ」って言われますね（笑）。

「私って可哀そうなんだ？」

——周りの友達の親子関係と比べて、ウチの親子関係って違うなって思ったりしますか？

「あー、それは、割と周りからも『おかしいよ』とは言われますね（笑）。あんまり家族家族してなかったですね。小さい頃からママは夜のお仕事だし、私は昼間学校に行ってるから、あんまり顔を合わす機会がなかった。私が学校から帰ったらもうお母さん出勤してて、私が寝てから帰ってくるし、顔合わせるのは休みの日くらいかな。だから、周りから『つむぎちゃんちは可哀そう』みたいのはありましたね。『可哀そう』って言われて、『あぁ、私って可哀そうなんだ?』って思いましたね(笑)」

――お友達に『可哀そう』って言われて、どう思いました?

「私は別に自分のこと可哀そうとは思ってなかったけど、はたから見たらそうなんだと思って、お母さんとケンカした時にわざと可哀そうぶってました。『ママにも全然会えないし、うちはパパもいなくて寂しいんだからしょうがないじゃん!』みたいなテンションで(笑)。それを武器にしてましたね」

――戦略家なところがお母さんにちょっと似てますね。逆に、よそのお友達の家族を羨ましいと思うことは特になかったですか?

「あー、でも羨んではいましたね。うちも普通にああいう家庭がいいなとは思ってました。けど、可哀そうがられることとは思ってなかったです」

――途中で新しいお父さんができた時はどう思ったんですか？

「結婚した時は『やったぁ！』って思いましたね。パパもできるし、その人を悪い人って思ってなかったし」

――お父さんがお仕事を辞めて働かなくなってしまってケンカが絶えなかったと伺ったんですが、お父さんに対してどう思ってましたか？

「私には最後までずっと優しいお父さんでしたね。でもなぜか離婚した後もずっとうちにいましたけど」

――ずっといた、と言いますと？

「小学五年生くらいの時に離婚したんですけど、中学あがるくらいまでなぜかそのままずっといましたね（笑）。学校の友達に『もうお父さんじゃないんだけど、前のお父さんみたい

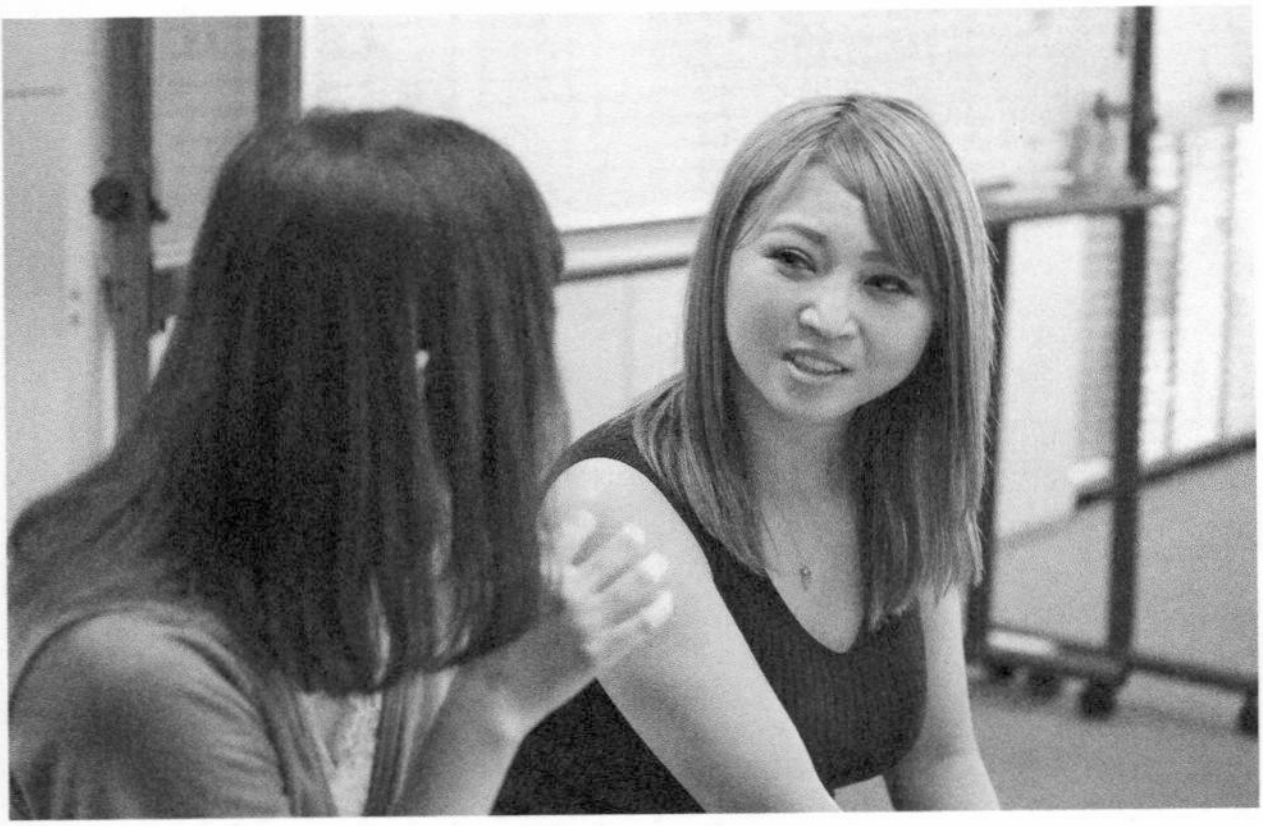

な人が家にいるんだよねぇ』って言ったら、『えぇー、そんなのおかしいよ』って言われて（笑）。そこで、『確かになんでいるんだろ？』って思ったっていう（笑）」

高校時代の大反抗期。
リフレをやってみて……

――高校生の時に物凄い反抗期があったそうですが、きっかけは何だったんですか？

「朝が得意じゃなくてあんまり起きられなくて。別に学校が嫌とかではなかったんですけど、朝起きて学校に行くっていうことに意欲がわかなくて。高校って義務教育じゃないんで『このままだと留年するか、辞めるかになるよ』って先生から親に連絡がいって、それでお母さんに『ちゃんと通いなよ』って言われたんですね。それまで特に母親らしいことも言わなかったくせに『こういう時ばっかり母親ぶって』って思ったんですよね。それかな、きっかけって言ったら」

——お母さんと大喧嘩の末、高校中退してリフレのお仕事を始められたんですよね。実際にリフレのお仕事をやってみていかがでしたか?

「いざやってみると辛いこともあるわけじゃないですか、対人だし。内容的にも誰にでもできることじゃないのをもうずっと長くやってる。しかも、それが結果的に私を育てるためなわけじゃないですか。それ、『ありがとね』って思いましたね、なんか。そっからまたお母さんと仲良くなりましたね」

——お母さんのご職業に対して、誇りに思う感じですか?

「誇りって言われると大袈裟ですけど……、尊敬はしてます。自分が今いちゃキャバやってて、リフレもやってみて、自分のできる範囲の限界ってあるじゃないですか。お母さんはそれを超えたことをやってるんで、辛いこともあるだろうに頑張ってくれてたなっていうのは思いますね。自分でやってみたことで、昔より理解ができるかなって感じです」

通信制の大学に通う準備中。
「普通のＯＬさんになってみたい」

——将来これになりたいとかっていうものはあるんですか？

「今、通信制の大学に通おうかなって思ってて。その後は普通に就職して正社員として働きたいですね。それまでは、大学の費用とかお金がかかるのでいちゃキャバのバイトは続けるけど、そのタイミングでしっかりと夜の仕事はあがりたいなって。大学卒業する頃には二四歳になってるわけだし、その間に四年間通うわけだから、四年の間にちゃんとお金貯めて戻らないようにしたいなと思ってます。それは夜の仕事がダメとかじゃなくて、普通にそういう生活もしてみたいなぁって思いますね。まぁ、また夜の仕事に戻るかもしれないけど（笑）」

――いわゆる普通のOLさんでパソコンカタカタしてみたいなことですよね。夜の刺激的なお仕事を経験してるから、昼の仕事は退屈で飽きちゃうんじゃないですかね。

「でも、そういうのも経験してみたい。多分今のお仕事も、昼に行ったら役に立つと思うし、逆に戻るってなっても、昼のお仕事の経験が夜にも役立つと思ってるんで。普通に経験値として一回やってみたいなと思ってます」

――本日はありがとうございました。つむぎさんのお店にぜひ伺わせていただきます。

「ホントですか？　ぜひぜひ！　お待ちしてます（笑）」

お母さんがスナックを出したら一緒にお店に立ちたい、とも話してくれたつむぎさん。

「つむぎ」という名前は彼女が好きなＡＶ女優の「明里つむぎ」さんに由来しているそうで

す。ＡＶ女優という仕事をしながら彼女を育て上げてくれた母親に対する敬意と、胸を張って生きていく矜持《きょうじ》のようなものを勝手ながら感じました。

波瀾万丈《はらんばんじょう》な人生をしなやかに、そしてたくましく生きていくお二人が四年後どんな道を歩んでいるのか、ぜひまたお話を伺いたいです。

■当真ゆき（とうまゆき）

一九八三年三月十五日生まれ。難病ＡＬＳで寝たきりの父親、一家を支える母親、二人の兄、祖父母という家庭で育つ。

高校三年生で妊娠、女児を出産するも数か月で離婚。シングルマザーとして子供を養うためにＡＶ女優になる決意で上京。グラビアモデル、格闘技のラウンドガールを経て、二〇〇三年にデビュー。〇七年に引退し再婚するも、数年後に離婚、一一年にＡＶ復帰。

現在はデリヘルを兼業し、いちゃキャバで働く娘つむぎに自身のお客さんを紹介するなど良好な関係を築く。

撮影：永峰拓也

おわりに

本書の執筆に向けてインタビューを続ける中で、ふと二十年程前の記憶が蘇りました。

当時大学生だった私は、とあるドキュメント作品を見たのですが、ロリータ系AV女優として人気を博していた森下くるみさんが故郷・秋田へ帰郷し、親友や元恋人、そして実の母と弟に今の仕事について打ち明けるという内容でした。

AV女優という職業に対する偏見の目は今よりも数倍厳しい時代。ご家族に顔出しでインタビューするなんて、いかなるハードなSM作品よりサディスティックなプレイだと衝撃と興奮、そして見てはいけないものを見るようないたたまれなさを覚えたのです。

当然のように戸惑いを見せる母親や弟さんが最後には森下さんに「頑張って欲しい」と応援している姿には図らずも熱いものが込み上げてきてしまいました。そして、そのインタビューの後、近隣のホテルに移動して行われたAV撮影。絡みのシーンで森下さんの目から止めどなく流れ落ちる涙。あの涙はどんな思いからだったのでしょうか。

ＡＶ女優としての目標を監督から聞かれて「お母さんみたいな人になりたい」と笑顔で答える森下さん。今思えば、私がＡＶ女優とその家族の関係性に関心を抱くようになったのはその時からだったような気がします。

　ＡＶ女優の家族はどのように娘の仕事を捉えているのだろう。大事に育てた娘が見ず知らずの男性達の性欲のはけ口にされることに抵抗があるかもしれないが、娘の活躍はきっと応援したいに違いない。ＡＶ女優が将来、子供を産み、我が子が自身の出演作品を見たらどう思うのだろう。実際そういった事態を懸念してか、ＡＶ人権倫理機構に過去の出演作品の販売・配信停止を申請する女優さんもいらっしゃいます。確かにＡＶ女優という職業は他の職業と比較すると、本人だけでなく家族においても、心理的にも社会的にも様々な影響を及ぼしうるように思われました。

　ＡＶ女優にまつわる貧困や差別など後ろ暗い内容の本が巷にたくさんある中で、「極力前向きな内容の本にしたい、でも綺麗事は一切書きたくない」という思いで始めた本企画。当初はプライベートな話をどこまで聞かせていただけるのか正直、不安に思いながらＡＶプロダクションの門を叩きました。しかし、予想に反して名だたる方々に快く受けていただき、皆さん包み隠さずご家族の話を赤裸々に語ってくださいました。彼女たちは本当に前向きで、そして綺麗事だけでは済まない世界を今まさに歩み続けているのだと痛感しました。

インタビュー全般を通して感じられたのは、自分の人生を納得のいく充実したものにしたいという前向きな姿勢。そして他人にどう思われようと、何と言われようとプライドを持ってこの仕事をやっているというブレない信念と同時に、「家族からは認められたい」という切実な思いでした。

本著上梓にあたりご協力いただいた女優・男優さんとそのご家族の皆様、プロダクション関係者の方々、ご尽力いただいた編集担当の高橋恒星さん、ライターの麻生りりこさん、ＦＬＡＳＨ編集部の津田拓也さんに心より感謝申し上げます。

２０２０年初夏　寺井広樹

寺井広樹（てらいひろき）
文筆家。1980年、神戸市生まれ。人気AV男優を起用した写真集『イケメソ男子』（リブレ）の企画・監修をはじめ、『副業AV女優』（彩図社）、『電車を止めるな！』（PHP研究所）、『日本懐かしオカルト大全』（辰巳出版）など著書多数。文筆業のかたわら、地方創生事業に進出し、企画プロデュースした銚子電鉄「お化け屋敷電車」「まずい棒」が話題に。ドキュメンタリー映画『伝説の怪奇漫画家・日野日出志』の監督・撮影を務める。

AV女優《じょゆう》の家族《かぞく》

2020年6月30日初版1刷発行

著　者 —— 寺井広樹
発行者 —— 田邉浩司
装　幀 —— アラン・チャン
印刷所 —— 堀内印刷
製本所 —— 国宝社
発行所 —— 株式会社光文社
東京都文京区音羽1-16-6（〒112-8011）
https://www.kobunsha.com/
電　話 —— 編集部03（5395）8289　書籍販売部03（5395）8116
業務部03（5395）8125
メール —— sinsyo@kobunsha.com

R<日本複製権センター委託出版物>
本書の無断複写複製（コピー）は著作権法上での例外を除き禁じられています。本書をコピーされる場合は、そのつど事前に、日本複製権センター（☎03-3401-2382、e-mail : jrrc_info@jrrc.or.jp）の許諾を得てください。

本書の電子化は私的使用に限り、著作権法上認められています。ただし代行業者等の第三者による電子データ化及び電子書籍化は、いかなる場合も認められておりません。

落丁本・乱丁本は業務部へご連絡くだされば、お取替えいたします。
© Hiroki Terai 2020　Printed in Japan　ISBN 978-4-334-04480-0

1059
ホークス3軍はなぜ成功したのか？
才能を見抜き、開花させる育成力
喜瀬雅則

千賀滉大、甲斐拓也、牧原大成、石川柊太、周東佑京、大竹耕太郎――なぜホークスだけが3軍制で大成功を収めたのか？　多くの選手・関係者への取材を元に解き明かす。

978-4-334-04470-1

1060
管理栄養士が伝える
長生き食事術
人生100年時代の「新・栄養学」入門
麻生れいみ

「食」を変えればカラダと人生が変わる――。明日の健康を手に入れる、未来の病気のリスクを減らすための「日常生活で何をどう食べるか」。シーン別の食事マネジメント術も公開。

978-4-334-04471-8

1061
深宇宙ニュートリノの発見
宇宙の巨大なエンジンからの使者
吉田滋

南極点の氷河に突き刺さった「宇宙からの使者」とは？　日本の物理学分野の最高峰・仁科記念賞を受賞した著者による、「高エネルギーニュートリノ」の発見をめぐるスリリングな物語。

978-4-334-04472-5

1062
フェイクニュース時代を生き抜く
データ・リテラシー
マーティン・ファクラー

虚偽に流され情報の蛸壺に陥らない方法をNYタイムズ元記者が指南。V字回復した同社にメディア再興の道も探る。日本の新聞は権力を離れて調査報道に注力し、紙信仰を捨てよ！

978-4-334-04473-2

1063
業界破壊企業
第二のGAFAを狙う革新者たち
斉藤徹

アマゾン、ウーバーなどに代表される、業界秩序や商習慣にとらわれず、斬新なビジネスモデルやテクノロジーによって、業界で〝一人勝ち〟する企業を一挙紹介。【大前研一氏、推薦】

978-4-334-04475-6

光文社新書

1064
歴史秘話 外務省研修所
知られざる歩みと実態
片山和之

外交官・人間としての「7つの美徳」と『勘』の養い方とは？　華やかな外交の表舞台の対極に位置し、国家の命運をも左右しかねない「黒子の存在」を、現役の所長が初めて綴る。

978-4-334-04434-3

1065
笑わせる技術
世界は9つの笑いでできている
西条みつとし

「共感」「自虐」「裏切り」「安心」「期待」「無茶」「発想」「リアクション」「キャラクター」――日常会話から合コン、商談、スピーチ、お笑いのプロを目指す人まで使える新教科書。

978-4-334-04459-6

1066
「高学歴ワーキングプア」からの脱出
水月昭道

『高学歴ワーキングプア』刊行から13年、研究者であり僧侶でもある著者が、紆余曲折ありながらも行き着いた境地とは？　元ポスドク、前野 ウルド 浩太郎氏との対談を収録。

978-4-334-04476-3

1067
日本の少子化対策はなぜ失敗したのか？
結婚・出産が回避される本当の原因
山田昌弘

1・57ショックから30年、出生率の低迷が続く日本。家族社会学者である著者が、少子化対策の的外れだった点を分析。いま直視すべき、日本に特有の傾向・意識、そして変化とは？

978-4-334-04468-8

1068
炎上CMでよみとくジェンダー論
瀬地山角

炎上する広告には必ず理由があり、近年その多くがジェンダーへの無理解を背景としている。炎上の構造を4つの象限で捉え直す、東大名物講義の「番外編」。

978-4-334-04469-5

1069

日本の映画産業を殺すクールジャパンマネー

経産官僚の暴走と歪められる公文書管理

ヒロ・マスダ

「日本再生の柱」と叫ばれたクールジャパン政策はなぜ失敗したのか？　現役映画プロデューサーが官民の腐敗と怠慢を暴くとともに、「現場」に効く改革案を提言する。

978-4-334-04448-0

1070

座右の世阿弥

不安の時代を生き切る29の教え

齋藤孝

「いま、ウケることをやる」「思い込みにとらわれない」……。世阿弥の『風姿花伝』『花鏡』には「名言」が満載だ。その世阿弥の言葉を、今日的なわかりやすい表現で一挙紹介する。

978-4-334-04477-0

1071

高城式健康術55

医師が教えてくれない家庭の医学

高城剛

「僕は心地よく生きるために健康に気を配っている」——絶えず世界各地を行き来しつつ活躍を続ける著者が、パフォーマンスの質を保つために注目・実践する次世代の最新医療とは。

978-4-334-04478-7

1072

沖縄から貧困がなくならない本当の理由

樋口耕太郎

「沖縄問題」を突き詰めることは、日本の問題を突き詰めることであり、それは、私たち自身の問題を突き詰めることだ——。「コロナ後の世界」のありかたをも問う、鮮烈の問題作。

978-4-334-04479-4

1073

ＡＶ女優の家族

寺井広樹

親にはデビュー前に話したのか、兄妹には何を伝えたのか、そして子供には自分の仕事を明かすのか？　女優たちが赤裸々に語る「家族」の話から、新しい時代が見えてくる。

978-4-334-04480-0